DESCRIPTIONS *DES ARTS* ET MÉTIERS.

DESCRIPTIONS
DES ARTS
ET MÉTIERS,

FAITES OU APPROUVÉES

PAR MESSIEURS

DE L'ACADÉMIE ROYALE
DES SCIENCES.

Avec Figures en Taille-douce.

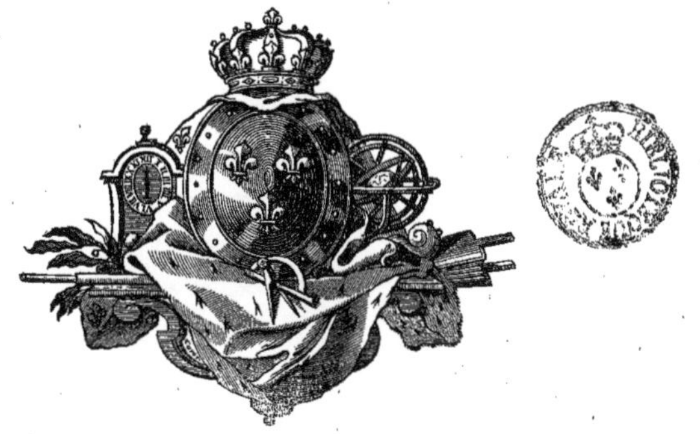

A PARIS,

Chez { SAILLANT & NYON, rue S. Jean de Beauvais;
DESAINT, rue du Foin Saint Jacques.

M. DCC. LXI.

Avec Approbation & Privilége du Roi.

FABRIQUE
DES
ANCRES,

LUE A L'ACADÉMIE EN JUILLET 1723:

Par M. de Reaumur. Avec des Notes & des Additions de M. Duhamel.

M. DCC. LXIV.

FABRIQUE
DES ANCRES,

LUE À L'ACADÉMIE EN JUILLET 1723:

Par M. de Reaumur. Avec des Notes & des Additions de M. Duhamel.

Nous allons entrer dans le détail d'un des plus gros ouvrages qu'on fasse avec le fer : les ancres sont certainement un des plus massifs que l'on forge avec ce métal, & peut-être un de ceux qu'il importe le plus de bien forger. Que deviendroit un Vaisseau dont souvent le salut est confié à ses ancres, si elles étoient composées d'un fer trop cassant, ou mal soudé? En suivant les différentes manieres dont on les fabrique, nous examinerons quelles sont les plus propres à leur donner toute la force qui leur est nécessaire.

La figure d'une ancre (*Pl. I. fig.* 1. *) est assez connue; mais nous ne pouvons employer les noms de ses différentes parties qu'après les avoir expliqués.

Cette tige de fer droite qui est la plus longue partie de l'ancre, s'appelle *la verge A B*; quelques Auteurs la nomment aussi *la vergue*. A un des bouts de la verge sont soudés *les deux bras B D, B G*; ce sont ces deux pieces de fer recourbées vers la verge, qui forment deux especes de crampons, dont un seul doit avoir assez de force pour soutenir un Vaisseau contre les vents les plus impétueux; chaque bras se termine par une pointe qui forme une espece de triangle isoscele; les bouts des bras *M D, M G*, sont appellés *les pattes*.

L'endroit le plus gros de la verge est le plus proche des bras, & appellé *le fort de la verge*; delà elle va en diminuant jusqu'à quelque distance de son autre bout. L'endroit où elle a le moins de diametre se nomme *le foible* ou *le petit rond de la verge*. Depuis le foible jusqu'au bout elle augmente de diametre, & est forgée à peu-près quarrément; aussi appelle-t-on cette partie *la culasse*, ou plus communément *le quarré de la verge*. Le quarré est traversé par un trou qui reçoit un gros anneau de fer auquel est attaché le cable

* Les Planches I, II & VI ne faisoient point partie du Mémoire de M. de Réaumur.

qui retient l'ancre : cet anneau s'appelle *l'organeau*. Enfin au-dessous de l'organeau, c'est-à-dire, entre l'organeau & le foible de la verge, il y a deux tourillons de fer diamétralement opposés, soudés contre le quarré; quoiqu'on les nomme *des tourillons*, ce ne sont que deux bandes de fer coupées quarrément dont l'épaisseur est différente dans les différentes ancres. Ces deux pieces n'ont d'autre usage que de donner la facilité d'arrêter en croix sur la verge une piece de bois qui l'égale en longueur. Cette piece de bois, qu'on appelle *le jas*, n'a rien de commun avec la fabrique des ancres; mais il est nécessaire de la connoître, si l'on veut savoir comment les ancres se disposent pour mettre un Vaisseau en sûreté (1).

Une ancre sans jas jettée dans la mer, s'y coucheroit à plat; les deux bras

---

(1) La description des Ancres que donne M. de Réaumur m'ayant paru trop succincte, j'y supplée par ce qui suit, & par la Planche I, que j'ai cru devoir ajouter. Toutes les ancres dont on se sert pour les gros bâtiments sont formées, 1°, de *la verge AB* (*fig.* 1) qui augmente de grosseur à mesure qu'elle approche de son collet, qu'on nomme aussi *le fort* ou *le gros rond de la verge*; du côté de la croisée ou de l'encolure *B*. Le bout *AEe* de la verge opposé à l'encolure est prismatique sur une base quarrée : on nomme cette partie *le quarré de la verge* ou *la culasse de l'ancre*. La longueur de la culasse est égale à un sixieme de la longueur totale *AB* de l'ancre. Les faces du quarré ou du prisme sont égales au diametre de la verge à son foible ou à la partie qui touche la culasse *e*, excepté que les deux faces paralleles au plan des pattes, sur lesquelles est percé le trou qui doit recevoir l'organeau, sont tenues un peu plus larges depuis les tourillons *E* jusqu'au bout, afin de renforcer cette partie qui est affoiblie par ce trou. Cette augmentation de largeur est d'une ligne & demie, ou au plus de deux lignes par pouce. On donne à la culasse une forme quarrée, & on la tient plus forte que le foible de la verge pour y mieux faire tenir le jas *NO* (*fig.* 6).

Le diametre du barreau qui fait *l'organeau* ou l'anneau qui sert à joindre le cable à l'ancre, est d'un tiers d'une des faces de la culasse prise audessous des tourillons. On fait le diametre du trou qui doit recevoir cet anneau de deux lignes plus grand, pour que l'organeau puisse jouer. Le diametre extérieur de l'organeau est égal à la longueur *Fe* comprise depuis le trou de l'organeau jusqu'à l'extrémité du foible de la verge.

Au milieu de la longueur de la culasse sont soudées deux oreilles qu'on nomme assez mal à propos *les tourillons*; leur épaisseur est égale à un tiers de la culasse; ils sont recouverts par le jas, encastré par ses flasques, & ils sont soudés sur la même face de la culasse où est percé le trou de l'organeau.

La circonférence de la verge à son fort ou collet près les aisselles est égale à la cinquieme partie de sa longueur, & la circonférence de la même verge à son foible ou petit rond *e* n'est que les deux tiers de la grosseur au fort.

A l'extrémité *B* de la verge opposée à la culasse sont soudés les bras *BD BG* qui forment ce qu'on appelle *la croisée* : l'endroit où les bras sont réunis à la verge se nomme *l'encolure*, & les angles rentrants formés par les bras & la verge s'appellent *les aisselles*.

La circonférence des bras auprès des aisselles est égale à celle de la verge à son fort; & à la naissance des pattes *LM* sa grosseur est la même que le foible de la verge en *e*. L'extrémité *D* du bras qui forme le bec ou par corruption *la becque* de la patte de l'ancre, n'a de largeur que la moitié du diametre du bras en *LM*; les deux bras forment ordinairement ensemble un arc de cercle dont le centre *H* est aux trois huitiemes de la longueur de la verge, à compter d'entre les aisselles; & comme chaque bras est aussi égal aux trois huitiemes de la longueur de la verge ou au rayon, il s'ensuit que les deux ensemble forment un arc de 120 degrés.

Si on vouloit resserrer un peu les pattes pour donner à la croisée la forme d'une anse de panier, il faudroit, après avoir tracé la partie *IL* du centre *H*, tracer la partie *LD* du centre *C*, faisant en sorte que les deux arcs se joignissent sans ressaut.

La portion *IL* des bras est un peu applatie, comme le représente la figure 5 qui est la coupe de la verge suivant la ligne *HQ*; on la nomme *le rond du bras*. Sur la portion *LD* du bras qui est quarrée, & qu'on nomme pour cette raison *le quarré du bras*, sont soudées des pieces de fer plat triangulaires qu'on nomme *les pattes* : leur longueur *LD* est égale à la moitié de la longueur *ID* des bras. Leur largeur en *MM* (*fig.* 3) est les deux cinquiemes de la longueur du bras, & elle est réduite en *D* à la même largeur que le bras à cet endroit *D* ou au bec. Les angles abatus ou non *MM* (*fig.* 2 & 3) se nomment *les oreilles*.

Le jas NO (*fig.* 6) est un assemblage de deux pieces de bois de figure symmétrique; elles embrassent le quarré de la verge & les tourillons. Elles sont exactement empattées l'une avec l'autre & liées par des chevilles de fer & deux ou six frettes *P*; le jas a au milieu environ quatre fois plus de solidité que la verge, & il diminue vers les extrémités : sa longueur est la même que celle de la verge, & sa position est telle qu'il croise les bras à angle droit.

s'y placeroient à peu près horizontalement, ou si le cable élevoit le bout de la verge auquel il tient, les deux bouts des pattes de l'ancre s'éleveroient aussi au-dessus du fond de l'eau ; ils seroient également hors d'état de s'y enfoncer. L'ancre alors n'arrêteroit le Vaisseau que par son frottement ; & ce seroit opposer un foible obstacle à la force du vent, comme on ne l'éprouve que trop, lorsque le fond ne donne pas prise aux pattes des ancres. Afin que l'ancre devienne un point d'appui ferme, il faut qu'elle s'accroche par une de ses pattes ; & pour cela il faut que le bout d'une des pattes laboure le fond de la mer. Comme ce fond est rempli d'inégalités, il ne le laboure pas long-temps sans s'y enfoncer ; or c'est le jas qui donne cette position favorable à l'ancre. Le jas est attaché de façon sur le quarré de la verge, qu'il ne sauroit être horizontal sans qu'un des bras de l'ancre soit au-dessous, & un autre au-dessus de lui ; le plan qui passeroit par les deux bras & par la verge, seroit perpendiculaire au plan qui passeroit par les tourillons du jas & par la verge. Cela supposé, il n'est pas mal aisé de voir comment l'ancre s'accroche. D'abord qu'on l'a jettée, sa pesanteur la porte vîte au fond de l'eau ; elle entraîne le jas avec soi ; elle s'y couche à peu près horizontalement, comme nous l'avons dit ; mais dès-lors qu'elle touche le fond, elle n'agit plus de toute sa pesanteur contre le jas ; il devient en état d'agir contr'elle avec quelque succès ; s'il est trop foible pour l'enlever entiérement, il a assez de force ou de légéreté pour soulever le bout de la verge. Il fait plus : il la fait tourner ; il redresse l'ancre sur une de ses pattes, & cela par la loi d'hydrostatique qui oblige un bâton à se coucher horizontalement sur l'eau. Mais le jas ne peut parvenir à cette situation horizontale, sans mettre en dessous un des bras, & l'autre en dessus. Celui des bras, à l'élévation duquel moins d'inégalités du terrein s'opposent, prend le dessus ; & c'est à celui qui reste en dessous à s'accrocher. La pointe de sa patte s'enfonce dans le terrein ; & à cause de la figure recourbée du bras ; elle s'y engage davantage à mesure que le Vaisseau, en tirant sur le cable, fait effort pour amener l'ancre à soi.

On a apparemment bien tâtonné avant d'en venir à donner aux ancres la figure qu'elles ont aujourd'hui, & elle est très-propre à produire l'effet qu'on en attend. La pointe de la patte & sa figure triangulaire lui donnent la facilité de s'ouvrir une route dans le terrein. Il est nécessaire de plus que la patte ait de la largeur à quelque distance de sa pointe, & même plus que le reste du bras. Un terrein sablonneux ou vaseux doit servir d'appui solide à l'ancre : or si la patte étoit une espece de crochet rond, un terrein mou n'opposeroit pas assez de résistance à son mouvement. Le crochet de l'ancre, quoiqu'engagé dans le terrein, avanceroit, au lieu que la patte de l'ancre étant large, trouve une trop grande quantité de terre à déplacer, & par-là un terrein, même mou, lui devient un appui solide.

A l'égard du nombre des bras qu'on donne aux ancres, on demandera peut-être pourquoi on s'est déterminé à deux; puisqu'un seul agit, un seul sembleroit suffire. Mais il est à observer qu'à proportion que la patte inférieure de l'ancre est plus chargée, elle s'enfonce davantage dans le terrein; le poids du bras supérieur ne doit donc pas être regardé comme un poids inutile; & d'ailleurs ce bras peut devenir utile, si l'autre venoit à manquer. Il est vrai qu'on pourroit peut-être placer la matiere qui compose le second bras, de maniere qu'elle contribuât davantage à fortifier l'ancre, & à charger plus à propos le seul bras qui resteroit; mais ce sont des recherches à faire, & il ne s'agit à présent que de ce qui est en usage.

Il y a même des ancres où l'on augmente le nombre des bras, loin de le diminuer. Le P. Reinau dit avoir vu de grosses ancres à quatre bras; celles des galeres en ont trois; diverses petites ancres appellées *grapins*, qui servent aux Chaloupes ou aux petit Bateaux, ont de même trois bras, & quelquefois davantage; mais aussi ne donne-t-on point de jas à ces dernieres, parce qu'on veut éviter l'embarras de son volume; & pour suppléer à ce jas, il faut qu'il y ait assez de bras pour que quelqu'un soit en état de s'accrocher. Ces ancres à plus de deux bras ne sont pas des pieces fort importantes: c'est uniquement de celles qui en ont deux, que nous allons parler.

Feu M. Perrault, de l'Académie des Sciences, connu par quantité de grands ouvrages, & qui avoit eu en partage l'esprit d'invention, avoit imaginé de donner une nouvelle figure à la verge des ancres, & cela sur-tout pour ménager les cables. La figure de cette ancre est gravée dans un petit Recueil de Machines nouvelles du même Auteur, imprimé en 1700, par les soins d'un de ses freres. Nous l'avons aussi fait graver dans la Planche IV, fig. 8, pour la commodité de ceux qui n'ont point le Recueil où elle se trouve. La verge est composée de deux branches qui se réunissent à quelque distance des bras, mais qui de-là jusqu'à l'autre bout de l'ancre vont toujours en s'écartant; elles forment une espece de fourche; les bouts de ces deux branches sont chacun percés par un trou où passe le cable. La vue de l'Auteur étoit de faire tomber à la fois moins d'effort sur le cable; il vouloit que l'ancre, quoique fermement arrêtée dans le terrein, pût céder en quelque sorte au cable; & pour cela que les deux branches qui composent la verge, pussent s'approcher l'une de l'autre; mais il n'y a gueres apparence que cette invention ingénieuse pût être de quelque usage. La verge composée de deux pieces seroit trop foible, ou si l'on donnoit à chacune des branches toute la solidité nécessaire, elles n'auroient plus de flexibilité pour céder au cable; d'ailleurs le fer des ancres, comme nous le verrons dans la suite, ne sauroit être trop doux, ou ce qui revient au même, avoir trop peu de ressort. Quand le cable auroit une fois fait céder les branches, elles ne s'écarteroient plus; il les ameneroit bientôt au point de ne faire plus que l'effet d'une verge sans branches.

On

On fabrique des ancres plus ou moins pesantes, selon la grandeur des Vaisseaux auxquels elles sont destinées. Le même Vaisseau en a plusieurs de différents poids, dont la premiere ou la plus pesante s'appelle *la maîtresse ancre.* Le P. Fournier, dans son Traité d'Hydrographie, page 35, dit que la proportion établie entre le port du Vaisseau & le poids de la maîtresse ancre, est de cent dix livres de fer, pour vingt tonneaux, de sorte qu'on donne une maîtresse ancre du poids de 8250 liv. à un Vaisseau 1500 tonneaux. Comme le Vaisseau a 75 fois 20 tonneaux, l'ancre a de même 75 fois 110 liv. de fer. Ce n'est pas pourtant une proportion qu'on suive toujours bien exactement.

Mais quel que soit le poids de l'ancre, elle doit être construite de façon que la force de chacune de ses parties soit proportionnée à l'effort qu'elles ont à soutenir, je veux dire, que les endroits de l'ancre contre qui le Vaisseau tire avec plus d'avantage, doivent être plus forts que les autres. La figure de ses bras, & leur longueur par rapport à celle de la verge, doivent aussi être telles, que l'ancre puisse s'accrocher aisément. La perfection de l'ancre consiste à arrêter un Vaisseau facilement & stablement; elle ne sauroit faire l'un & l'autre, si les diametres & les longueurs de ses parties n'ont entr'elles de certaines proportions. Mais quelles doivent être ces proportions, afin qu'elles soient le plus avantageuses qu'il est possible? quelle longueur, quel recourbement, & quel diametre doivent avoir les bras par rapport à la verge? en quels endroits les bras doivent-ils être les plus forts? où la verge doit-elle être la plus forte, ou doit-elle être dans toute sa longueur d'une grosseur uniforme? Ce sont autant de problêmes qui mériteroient d'être résolus géométriquement, & qui le pourroient être, si on se donnoit la peine d'assembler les expériences d'où leur solution peut être tirée.

Ce n'est pas que l'exactitude géométrique soit nécessaire dans l'exécution de la plupart des instruments & des machines; on ne peut pas même se promettre d'y arriver. Cependant il est toujours avantageux de connoître le but auquel on doit tendre; on s'en écarte moins. Mais nous remettons à examiner ce qui a rapport aux différentes proportions des ancres, jusqu'à ce que nous les ayions vu fabriquer (1).

---

(1) M. de Réaumur insiste peu sur la figure la plus avantageuse qu'on doit donner aux ancres, même en joignant ce qu'il dira dans la suite à l'article des proportions. Je ne me propose pas non plus de traiter rigoureusement cette partie; il faudroit m'engager dans des recherches Mathématiques qui sont au-dessus de mes forces; mais je crois qu'il ne sera point déplacé de rapporter des idées qui peuvent faire appercevoir que la figure qu'on donne aux ancres paroît bien propre à remplir le service qu'on en exige.

La figure des ancres doit être telle, 1°, que l'ancre prenne promptement, c'est-à-dire, qu'elle entre aisément dans le fond, 2°, qu'elle tienne ferme ou qu'elle ne chasse pas, 3°, qu'elle résiste aux efforts du vaisseau, sans se rompre. Suivons ces trois objets qui ont mérité l'attention de M. de Réaumur, & j'en ferai autant d'articles particuliers.

ARTICLE PREMIER.

Comment l'Ancre prend.

Quand on laisse tomber l'ancre, la croisée étant la partie la plus pesante, elle doit, de toute nécessité, tomber la premiere. Ainsi, c'est cette

De la Fabrique des Ancres.

Pour venir à présent à la fabrique des ancres, nous remarquerons qu'on forge séparément chacune de leurs parties, c'est-à-dire, la verge, les deux

---

partie qui touchera d'abord sur le fond (*fig.* 7); ensuite comme la moindre pesanteur du jas sur le volume d'eau qui déplace n'est pas considérable, l'ancre se couchera sur le fond. Il est bon de rapporter les raisons qui me font croire que le jas ne pourra pas tenir la verge dans une position verticale, comme il semble que le pensoit M. de Réaumur.

Le jas d'une ancre de réserve peut avoir au plus 20 pieds de longueur sur un pied d'équarrissage réduite; ainsi ce jas est formé par 20 pieds cubes de bois, qui déplacent 20 pieds cubes d'eau. Mettons ce bois de chêne à 60 livres le pied cube, il est presque toujours plus pesant, & le pied cube d'eau de mer à 72 livres; le jas rendra à soulever la verge de l'ancre avec une force égale au plus à 240 livres. Ce n'est pas de quoi supporter un pied de longueur de la verge avec son organeau & les cercles de fer qui embrassent le jas. L'ancre se couchera donc infailliblement: mais elle peut se coucher sur un fond horizontal de deux façons différentes. Dans l'une, la croisée est couchée sur le fond, pendant que le jas y est appuyé par un de ses bouts; dans l'autre, le jas est couché horizontalement sur le fond, & la croisée étant perpendiculaire, l'ancre repose sur une de ses pattes. Il est clair que l'ancre ne peut mordre dans le fond que quand elle est dans cette position. Il faut examiner d'abord laquelle de ces deux situations est la plus naturelle aux ancres. *CD* (*fig.* 7) représente la croisée; *AB*, la verge; *EF*, le jas. Concevons d'abord (*fig.* 8), que la croisée *DC* soit couchée horizontalement sur le terrein, de sorte que l'extrêmité *E* du jas repose sur le terrein. Voilà une position. Dans l'autre (*fig.* 9), le jas est couché horizontalement, & l'autre bout de l'ancre s'appuye sur une de ses pattes *D*. Ce n'est, comme le dit M. de Réaumur, que dans cette situation que l'ancre peut mordre dans le terrein. Il me paroît néanmoins que la premiere situation est celle que l'ancre doit prendre plus naturellement, parce que, portant d'abord sur le terrein par le fort *A* (*fig.* 7) de la croisée, elle a plus de soutien du côté de *C* & de *D*, que du côté de *H* ou de *G*, qui représente une ligne qui coupe à angles droits la croisée *CD*. Ainsi, rien ne s'opposant à ce qu'elle s'incline du côté de *H* ou de *G*, elle se placera donc de façon que la croisée *CD* sera parallele au terrein (*fig.* 8), c'est-à-dire, qu'elle sera dans la situation la plus désavantageuse pour mordre. Mais bien des causes concourront à lui en faire prendre une plus avantageuse. Ces causes sont toutes celles qui pourront faire tourner la verge *AB*, qu'on peut regarder comme un axe où réside le centre de gravité de toute l'ancre; mais cette verge ne peut pas tourner sur elle-même à cause de la longueur des bras. Il faudra que la partie *A* de la verge s'éleve d'une hauteur pareille à la longueur du bras *AD*, en décrivant un quart de cercle, dont le centre est à l'extrémité *D* de ce bras, pendant que le bout *B* de la verge s'abaissera en décrivant un quart de cercle, dont le centre sera à l'extrémité *E* du jas. Or on voit que plus le rayon *EB* sera long & le rayon *AD* court, plus il y aura de facilité pour exécuter le mouvement de rotation dont il s'agit: c'est pour cette raison qu'on fait la longueur du jas égale à toute la longueur de l'ancre, environ un tiers plus longue que l'ouverture des bras; & il me paroît évident que si on augmentoit la longueur du jas, ou si on diminuoit la longueur des bras, le mouvement de rotation s'exécuteroit avec encore plus de facilité: de plus, le mouvement de rotation s'exécutera d'autant plus aisément, que la partie *B* de la verge qui doit descendre, sera plus pesante; & elle est effectivement rendue très-pesante par le poids du cable, qui étant couché sur le terrein (*fig.* 8), comme on le voit en *I*, agit pour faire abaisser le point *B* de la croisée, non seulement par son poids, mais encore par sa direction, aussi-tôt que le jas est un peu sorti de la perpendiculaire. Supposons, pour simplifier l'hypothese, que par l'augmentation de la pesanteur du bout du cable *BI*, le centre de gravité se trouve en *L* (*fig.* 8 & 9), milieu de la longueur de la verge, il me paroît qu'on peut prendre une idée de la force que le bout *B* de la verge aura pour vaincre la résistance que le bout *A* oppose à sa descente, en faisant (*fig.* 10) *AL*, égal à la demi-longueur du jas, & *BL* égal à la longueur d'un des bras de l'ancre; d'où il suit que plus *AL* sera long & *BL* court, plus la croisée de l'ancre aura de facilité à se mettre dans la perpendiculaire, & plus elle aura de peine à en sortir, quand elle s'y sera une fois placée, comme elle l'est (*figure* 9). Assûrément, si la croisée étant dans une position horizontale, & par conséquent le jas dans une perpendiculaire, l'ancre étant placée sur un plan dur & fort uni, on la tiroit suivant *BM* (*fig.* 8), prolongée de la verge *AB*, il est certain qu'elle ne changeroit pas de position. Mais ce qui aide beaucoup à exécuter ce mouvement de rotation, ce sont les mouvements du vaisseau & l'inégalité du terrein; car pour peu que le cable tire obliquement le bout *B* de la verge (*fig.* 8), il fait perdre au jas sa position verticale, & lui aide à prendre une position horizontale, quelque résistance que fassent les bras.

Quand j'ai dit que l'extrémité du cable qui tient à l'ancre étoit presque toujours couchée sur le fond de la mer, je ne crois pas avoir rien avancé témérairement: car un cable tombe de lui-même au fond de l'eau, & on ne mouille gueres, avec un seul cable qui a 120 brasses de longueur, qu'à la profondeur de 30 brasses. Quand on mouille à 40 ou 50 brasses, on met deux cables l'un au bout de l'autre, sur-tout quand il est important de compter sur la tenue de l'ancre. Supposons qu'on mouille avec un cable de 120 brasses, le fond de la mer étant à 30 brasses; comme le cable ne tombe pas perpendiculaire-

bras, les deux pattes & l'organeau; & toutes ces parties étant forgées, on les assemble : c'est l'ordre du travail, & celui que nous allons suivre.

ment au fond de la mer, mais qu'il décrit à peu près la diagonale d'un parallélogramme, dont je suppose le grand côté de 60 brasses, double du petit qui a 30 brasses, il y aura environ 50 brasses qui traîneront sur le fond de la mer, & cette portion du cable tendra, par son poids & sa direction, à coucher le jas sur le terrein.

Quand on mouille, il faut que le vaisseau ait du sillage; mais il est important qu'il n'aille pas avec trop de vîtesse. Pour cela on cargue les voiles, on fournit du cable au vaisseau qui fille, afin que l'ancre soit tirée, mais qu'elle ne reçoive point de secousse vive qui pourroit la faire rompre ou du moins la faire déraper.

Voyons maintenant comment se comporte l'ancre au fond de la mer, dans le moment qu'elle l'a atteint, & nous la supposons, pour les raisons que nous avons rapportées, dans la situation la plus avantageuse, savoir, que le jas soit couché sur le terrein, & la croisée perpendiculaire. Il n'arrive pas toujours que la patte prenne assez fortement dans le terrein pour arrêter le vaisseau; elle laboure le fond de la mer, en obéissant au mouvement du vaisseau. Il peut bien se faire dans ce temps que le jas prenne une position perpendiculaire, & j'apperçois une cause qui peut produire cet effet : c'est l'effort que fait le cable pour se détordre; car on remarque que l'ancre a peine à mordre, & qu'elle court plus risque de déraper quand le cable est neuf, & quand il a été commis par un Cordier qui met beaucoup de tord sur le cable, que quand il est vieux & peu tord. Mais cette cause qui change la situation avantageuse de l'ancre, agit un instant après pour la remettre dans la situation qu'on desire. Ainsi, comme elle agit successivement pour ou contre, nous pouvons n'y avoir aucun égard, & il nous suffira de faire appercevoir que l'ancre a plus de disposition à rester, le jas parallele à l'horizon, que dans une situation contraire.

J'ai déja rapporté plusieurs causes qui doivent engager le jas à se coucher sur le terrein; je vais essayer de faire voir que les mêmes causes subsistent quand l'ancre obéit encore aux mouvements du vaisseau. D'abord, si la marche du vaisseau est douce & uniforme, comme le cable porte dans une grande longueur sur le terrein, le jas est retenu dans une situation horizontale par le poids du cable. Mais supposons que par une secousse vive, le cable entre en tension dans toute sa longueur, & qu'il souleve la verge du côté du jas; alors la croisée s'inclinera vers la droite ou vers la gauche, & elle tendra à se mettre parallélement au terrein. Mais le jas s'inclinera aussi du même côté, un de ces bouts portera bien-tôt sur le terrein; & pour peu qu'il se rencontre d'inégalités, il en résultera une secousse qui relevera cette partie du jas, & remettra la croisée dans la perpendiculaire qu'elle tendoit à perdre; d'autant que comme elle s'en sera peu écartée, il faudra peu de force pour lui faire reprendre sa premiere situation.

Supposons donc que la croisée reste perpendiculaire, & voyons comment la patte entrera dans le terrein. Il est évident, que si l'extrémité du cable est couchée sur le terrein comme AB (*fig.* 9), l'ancre étant tirée, le jas s'appuyera sur le terrein, & la patte D tendra à entrer suivant la tangente DO, à quoi contribuera beaucoup le grand poids de l'ancre : mais il en seroit tout autrement, si ayant filé trop peu de cable, le jas étoit soutenu en l'air, & si l'ancre étoit tirée suivant la direction qu'auroit alors la verge. Il est sensible que la patte pourroit tout au plus labourer le fond; mais de plus la croisée perdroit bientôt sa situation perpendiculaire, comme il a été dit plus haut. Ainsi, il est avantageux de filer beaucoup de cable, pour faire mordre l'ancre, & on fait quelquefois très-bien de charger l'organeau avec des boulets ramés; mais nous allons tâcher de faire connoître que la forme des bras contribue beaucoup à faire mordre les ancres.

J'avertis d'abord, que pour simplifier la question que je me propose d'examiner, je suppose toujours, comme cela doit être, qu'on a filé une assez grande longueur de cable, pour que l'extrémité qui tient à l'organeau porte sur le terrein, & contribue à y appuyer le jas, sans quoi, comme nous l'avons dit, la croisée seroit bientôt couchée sur le terrein. Si l'ancre étoit formée comme un T (*fig.* 11), & si les bras étant en ligne droite, la verge tomboit perpendiculairement sur leur milieu, il est évident, que quoique le jas déterminât une des pattes à porter sur le terrein, elle n'y entreroit que par son poids, & quand le vaisseau feroit avancer l'ancre, elle ne feroit que labourer le fond sans presque y entrer. On apperçoit même que la pression du terrein tendroit à soulever l'ancre; si au contraire, les pattes étoient fort rapprochées de la verge, comme sont à peu-près les ancres des Chinois (*fig.* 12); comme les pattes tendroient à entrer dans le terrein par une ligne peu différente d'une parallele à la surface du terrein, elles ne trouveroient devant elles qu'une petite épaisseur de terre que le moindre effort auroit bientôt soulevée. Voilà deux extrêmes entre lesquels se doit trouver une moyenne, qui sera l'angle le plus avantageux que les bras doivent faire avec la verge. Je crois appercevoir que cet angle devroit-être moindre de 45 degrés s'il ne s'agissoit que de faire mordre l'ancre, ou de lui procurer la plus grande disposition à entrer dans le terrein; mais il n'en résulteroit pas la figure la plus avantageuse pour résister aux efforts du vaisseau qui tend à chasser sur son ancre. C'est ce qu'il faut examiner.

ARTICLE II.

De la figure la plus propre, pour que l'Ancre tienne ferme, & qu'elle empêche le Vaisseau de chasser.

On peut poser comme un principe évident, en supposant l'ancre engagée dans le terrein, que plus le plan de la patte approchera d'être perpendiculaire à la surface du terrein qui forme le fond de la mer, plus elle y tiendra ferme

Si l'on a quelque connoiſſance de la façon d'affiner & de forger le fer, on appercevra de reſte qu'une maſſe, telle que la verge, ou même le bras d'une

(*fig.* 13); car d'abord la patte dans cette diſpoſition rencontrera plus de matiere, qui réſiſtera davantage ſous un angle plus approchant d'un droit que ſous un plus petit; & encore, parce que chaque particule du terrein où l'ancre eſt enfoncée, réſiſtera davantage ſous l'angle droit que ſous tout autre. D'où il réſulte, que comme il faut ſatisfaire aux deux conditions d'entrer dans le terrein & d'y tenir ferme, il faut que les bras faſſent un angle plus ouvert que 45 degrés, & plus fermé que le droit. Mais comme l'ancre ne ſeroit pas dans le cas de réſiſter ſi elle n'entroit pas d'abord dans le terrein, on doit avoir pour point de vue cette propriété préférablement à l'autre, ſans néanmoins la perdre de vue. C'eſt à quoi on pourroit ſatisfaire, en rendant les bras des ancres plus courbes que dans la figure 13, & faiſant cette courbure en anſe de panier; car par ce moyen, la patte ſe préſentant au terrein, ſuivant un angle moindre que de 45 degrés, elle tendra à y entrer ſuivant la tangente *DO* (*fig.* 9), & le reſte du bras formant un angle plus ouvert ou plus approchant de la perpendiculaire au terrein, cette partie ſera dans le cas de tenir très-ferme; néanmoins on trouvera dans la ſuite des raiſons qui pourront engager à faire le bras des ancres en portion de cercle.

La peſanteur des ancres contribue à leur fermeté, ainſi que la longueur du cable, non ſeulement parce qu'une partie de la longueur du cable étant couchée ſur le fond de la mer, il en réſulte les avantages dont nous avons parlé pour tenir le jas couché ſur le terrein; mais auſſi d'abord, parce que le poids du cable qui traîne au fond de la mer, forme une réſiſtance qui ſoulage l'ancre d'une partie des ſecouſſes du vaiſſeau: car comme elles s'exercent à ſoulever une portion du cable qui porte ſur le fond, il en réſulte l'effet d'un reſſort qui ſoulage beaucoup l'ancre. D'ailleurs ce reſſort eſt encore augmenté par celui du cable même, qui n'étant point un corps abſolument roide, prête & s'allonge un peu pour revenir enſuite ſur lui-même. Toutes ces raiſons font ſentir combien il eſt avantageux de filer beaucoup de cable, comme font les Capitaines expérimentés, lorſque la mer eſt fort groſſe.

Dans les fonds de vaſe molle, qui n'offrent point aſſez de réſiſtance à la patte des ancres, & qu'on nomme *de mauvaiſe tenue*, on a quelquefois augmenté la ſurface des pattes par des planches qu'on y ajuſtoit, ce qu'on appelle *brider l'ancre*. Mais plus communément on attache une ſeconde ancre à la croiſée de celle qu'on va mouiller; & ainſi on mouille deux ancres à la ſuite l'une de l'autre, ce qu'on nomme *empenneller* (*fig.* 14).

Si on n'avoit pour objet que d'augmenter la ſtabilité des ancres dans les fonds de vaſe, ſans les rendre plus peſantes, il faudroit faire les bras minces & fort larges, ou prolonger les pattes juſqu'au collet, parce que cette grande ſurface répondant à une grande maſſe de terre, elle la diviſeroit difficilement; mais on perdroit beaucoup ſur la force des ancres, comme on le verra dans l'article ſuivant. C'eſt pourquoi on ſe contente de faire les pattes fort larges; & comme les grands efforts que ſouffrent les ancres, ſont toujours ſuivant un plan perpendiculaire aux bras, on a augmenté leur force en les applatiſſant un peu ſur les deux faces paralleles aux bras, de ſorte que la coupe de la verge & des bras, au lieu d'être un cercle, repréſente deux lignes paralleles jointes par deux lignes courbes (*fig.* 5).

ARTICLE III.

Des précautions qu'il faut prendre, pour que l'Ancre ne rompe pas.

Toutes les précautions qu'on prend pour empêcher que l'ancre ne dérape, tendent à empêcher que les ſecouſſes du vaiſſeau n'agiſſent fortement ſur elle; & ainſi elles ſervent à la ménager, ou à empêcher qu'elle ne reçoive des efforts capables de la rompre. Ces précautions conſiſtent à empenneller les ancres, à les charger de boulets ramés du côté du jas ou de l'organeau, à filer beaucoup de cable, & à faire enſorte, ſoit en fourniſſant du cable lorſqu'on mouille, ſoit en carguant les voiles, que le vaiſſeau n'imprime pas une ſecouſſe vive à l'ancre, lorſqu'elle commence à s'oppoſer à ſon mouvement; mais il y a d'autres conſidérations qui méritent quelque attention.

1°. Nous avons dit que pour augmenter la fermeté des ancres dans le terrein, il faudroit donner beaucoup de largeur aux bras, en augmentant la largeur des pattes. Mais ſi pour ne point augmenter leur poids, on diminuoit proportionnellement de leur épaiſſeur, elles ſe romproient aiſément ou elles ployeroient. Si on ne cherchoit qu'à augmenter leur force, il faudroit au contraire donner beaucoup d'épaiſſeur & peu de largeur aux bras: alors les ancres ne romproient pas; mais elles couperoient le terrein, & elles réſiſteroient peu. C'eſt pour éviter de tomber dans ces deux inconvénients oppoſés, qu'on fait les bras plus épais que larges auprès de la croiſée à la partie qu'on appelle *le rond du bras*, où nous ferons voir qu'elles fatiguent plus qu'ailleurs, & on augmente beaucoup leur largeur au bout des bras par les pattes qui ont peu d'épaiſſeur.

2°. Il eſt bien naturel de proportionner la force des ancres à la grandeur des Bâtiments, puiſqu'un gros Vaiſſeau fait plus d'effort pour chaſſer ſur ſon ancre qu'une Frégate. Cette proportion de la force des ancres avec la grandeur des Bâtiments, eſt ordinairement établie ſur la plus grande largeur du Vaiſſeau, ou ſur la longueur de ſon maître bau, de ſorte que communément la plus groſſe ancre, celle de reſerve, a les deux cinquiemes de la longueur du bau. Ainſi cette ancre, pour un vaiſſeau de 50 pieds de bau, auroit 20 pieds de longueur. On s'écarte quelquefois de cette regle; car ſouvent on proportionne les ancres à la grandeur des vaiſſeaux par leur poids. En ce cas on fait enſorte que l'ancre peſe la moitié du poids de ſon cable: une ancre de bord de ſeize pieds, qui étoit deſtinée pour un vaiſſeau du premier rang peſoit 7268 livres. Les autres ancres qu'on nomme *d'affourche* & *à touer*, ſont plus

groſſe

groſſe ancre, ne ſauroient être faites d'une ſeule piece ; qu'on ne peut les compoſer qu'en ſoudant enſemble, & en façonnant diverſes maſſes de fer.

---

légeres, ſuivant des regles que ſe font les Maîtres d'équipage; & pour ſatisfaire au ſervice des Ports, on fabrique des ancres du poids de 7000 livres juſqu'à 100 livres.

3°. Il faut proportionner la groſſeur des différentes parties des ancres aux efforts qu'elles ont à ſupporter: & comme on doit avoir égard à la force du levier, il faut que la verge augmente de groſſeur à meſure qu'elle approche de la croiſée, & que l'épaiſſeur des bras augmente de même en approchant de cette partie; car il eſt évident qu'un barreau engagé par un de ſes bouts dans une muraille (*fig.* 15), & chargé à l'autre bout d'un poids, ne reçoit au point 1, que l'effort du poids; mais le point 2 eſt chargé de ce poids appliqué au levier 1, 2: le point 3 eſt chargé de ce poids appliqué au levier 1, 3: & enfin le point 5 eſt chargé du même poids appliqué au levier 1, 5. Si donc on veut que ce barreau réſiſte dans toute ſa longueur proportionnellement aux efforts qu'il a à ſupporter, il faudra le faire plus épais du côté de 5 que de 1. Et c'eſt pour cette raiſon qu'on augmente la force de la verge, & des bras auprès de la croiſée: car on apperçoit clairement, que ſi on faiſoit toutes les parties également épaiſſes, il s'enſuivroit, ou qu'il y auroit trop peu de fer auprès de la croiſée, ou qu'il y en auroit trop auprès de la culaſſe; il y a encore une raiſon de conſtruction qui concourt à obliger de fortifier la croiſée, c'eſt que les bras étant réunis à la croiſée par des ſoudures, il peut y avoir en cet endroit plus de défauts qu'ailleurs, & c'eſt pour cette raiſon qu'on fortifie les aiſſelles.

4°. La circonſtance où les ancres reçoivent le plus d'effort, & où elles courent plus de riſque de ſe rompre eſt au déſancrage, quand on fait des efforts énormes pour les faire ſortir du terrein, ou pour les faire déraper, en un mot, quand on veut lever l'ancre. Pour y parvenir, on tire le cable dans le vaiſſeau, au moyen du grand cabeſtan; & le vaiſſeau avance vers l'ancre, juſqu'à ce qu'il ait gagné l'aplomb de l'ancre, ou qu'il ſoit, comme l'on dit, à pic ſur l'ancre. Il eſt évident que quand le vaiſſeau eſt rendu à pic (*fig.* 16) tout l'effort qu'on fait ſur le cable agit pour élever l'organeau qui décrit une courbe, juſqu'à ce que la verge ſoit rendue dans une ſituation verticale: dans ce cas, la longueur de la verge fournit un levier qui concourt avec l'effort du cabeſtan, pour faire ſortir du terrein la patte qui y étoit engagée. Ainſi la verge & le bras peuvent être regardés comme un levier recourbé qui trouve ſon point d'appui à la croiſée: & plus la verge ſera longue, plus elle aura de puiſſance pour dégager la patte. Lorſque le terrein n'eſt point trop dur, les bonnes ancres réſiſtent à ces efforts; mais quand le bras de l'ancre eſt engagé entre deux rochers (*fig.* 17), l'effort du cabeſtan ne ſuffiſant pas pour la dégager, on l'augmente par des *caliornes*; ou bien ayant employé toutes les forces poſſibles pour roidir le cable, on attend qu'une lame ou la marée venant à élever le vaiſſeau faſſe un violent effort. C'eſt alors que la verge & le bras qui eſt engagé entre deux rochers fatiguent prodigieuſement; & il faut que le rocher ou la verge ou le bras ou le cable rompe; car on apperçoit ſenſiblement que la direction de la force immenſe qu'on applique au cable, ne tend point à dégager la patte: c'eſt pourquoi il arrive ſouvent qu'on réuſſit mieux en employant une force beaucoup moindre qui agit dans une direction plus convenable. C'eſt ce qu'on fait en envoyant une chaloupe tirer ſur l'*orain A*, ce qu'on appelle *lever l'ancre par les cheveux*; car par cette manœuvre on dégage la patte de l'ancre d'entre les rochers, en la faiſant ſortir par le même endroit par lequel elle s'y étoit engagée: & pour y mieux réuſſir, il eſt bon de mollir un peu ſur le cable, afin de diminuer le frottement de la patte entre les rochers.

Il eſt à propos en terminant cette longue note de réſumer ce que nous avons dit ſur la forme des ancres, & ſur les proportions que doivent avoir leurs différentes parties. On peut conclure des raiſonnements que nous venons de faire en conſidérant l'ancre avant qu'elle ait mordu dans le terrein, lorſqu'elle y mord, quand elle réſiſte aux efforts du vaiſſeau & lorſqu'on la leve: on peut, dis-je, conclure de nos raiſonnements, que rien n'eſt plus difficile que de fixer avec exactitude les proportions qu'on doit donner aux ancres; des expériences confuſes & peu exactes ont conduit peu-à-peu à donner aux ancres une certaine figure, que je ne crois pas fort éloignée de la plus avantageuſe, quoiqu'elle n'ait rien de fort précis.

On voit en général: 1°, Que la verge d'une ancre doit être aſſez longue par rapport aux bras, pour qu'étant mouillée la patte morde dans le terrein. A la vérité, la longueur de la verge paroît devoir varier ſuivant la courbure & la longueur des bras; néanmoins la longueur de la verge eſt avantageuſe pour placer le jas parallélement au terrein; mais une verge fort longue devient très-foible par rapport au poids de l'ancre qu'on ne peut augmenter à ſon gré, puiſqu'il faut le proportionner à la force de l'équipage.

2°, Il eſt bien prouvé qu'à cauſe de la force du levier, la verge doit être plus forte du côté de la croiſée que du côté de la culaſſe, & que les bras doivent être plus forts du côté de l'encolure que vers les pattes, non-ſeulement parce que les efforts qui agiſſent ſur la croiſée, & qui pourroient la rompre, agiſſent avec plus de puiſſance ſur le milieu que vers les extrémités, mais encore, parce que donnant ainſi aux bras la forme d'un coin, ils doivent entrer plus aiſément dans le terrein. Mais ces proportions ne ſont pas toujours bien obſervées, puiſqu'on voit aſſez ſouvent les ancres rompre par la verge, à deux ou trois pieds de la culaſſe, & par les bras au milieu de leur rond ou à l'encolure. Peut-être néanmoins ces ruptures viennent-elles plutôt des défauts de la fabrique, que du manque d'épaiſſeur du métal aux parties qui rompent.

3°, Il eſt clair qu'on rendroit les bras plus forts, en augmentant leur épaiſſeur & en diminuant proportionnellement l'étendue des pattes; il eſt également évident qu'il faudroit faire tout le contraire pour augmenter la tenacité des ancres

On a suivi différentes pratiques sur la maniere de préparer les pieces ou masses de fer dont on forme chaque partie des ancres. Ces pratiques peuvent se réduire à trois: à les faire de *loupes*, à les faire de *mises*, & à les faire de *barres*.

---

dans le terrein: il faut donc prendre un milieu, & il est probable que celui qu'on suit, n'est pas éloigné du vrai.

4°, Plus les bras sont ouverts, plus ils tiennent dans le terrein quand l'ancre a mordu; mais pour que l'ancre morde, il convient que les bras soient fermés; il faut donc encore ici observer un milieu. En faisant les bras de deux portions de cercle ou en anse de panier, ensorte que le quarré des bras soit plus fermé que le rond, il semble que l'ancre doit d'abord mordre, & ensuite tenir ferme par la nature de l'arc plus surbaissé que le rond; mais aussi un simple arc de cercle a cet avantage, qu'à mesure que l'ancre entre dans le terrein, le chemin des parties qui entrent, est frayé par les parties qui sont déja entrées sans avoir de sable ou de vase à déplacer, que relativement à l'augmentation de grosseur de la verge.

5°, Plus l'ancre est pesante du côté de la croisée, plus elle a de disposition à entrer dans le terrein, quand les bras sont placés perpendiculairement; mais la pesanteur de l'ancre du côté du jas est très-favorable à faire prendre aux bras cette position perpendiculaire, & la leur faire conserver.

6°, La longueur & le poids du jas sont des conditions avantageuses pour le faire placer parallélement au terrein; mais il y auroit de l'inconvénient à beaucoup augmenter & le poids & la longueur du jas qui est déja assez embarrassant.

Les Chinois font leur jas de fer, puisque c'est une broche *AB*, qui est soudée à la verge (*fig.* 18); mais en le faisant court, & le mettant presque au milieu de la verge, ils perdent une partie considérable des avantages qu'ils pourroient se procurer par la pesanteur de leur jas de fer.

7°, Plus les bras seront courts relativement à la longueur du jas, plus l'ancre aura de facilité à se mettre dans une position avantageuse pour mordre; mais aussi il faut que les bras ayent une certaine longueur pour entrer dans le terrein, & y tenir ferme, sur-tout dans les fonds de vase & de mauvaise tenue.

Voilà bien des extrêmes qui exigent de prendre des milieux, & qui laissent beaucoup d'incertitudes: néanmoins chaque nation & même chaque port a adopté des proportions qui leur sont devenues favorites sans savoir pourquoi. Après nos réflexions, il ne paroîtra pas singulier de voir qu'une ancre d'un certain poids, fabriquée dans une forge, ait une forme différente d'une autre ancre de même poids faite dans une autre forge; mais ce qui peut surprendre, c'est de voir que, quoique la force & la bonté d'une ancre consiste dans sa figure, la matiere étant toujours supposée bonne, chaque Ancrier condamne décisivement les ancres qui ont une autre forme que celle qu'il a adoptée. Les causes d'incertitude sont sensibles; mais l'affection pour une forme sur une autre qui en differe peu, résulte de l'ignorance de celui qui s'en déclare obstinément le partisan. Heureusement l'expérience fait voir que les ancres de différente forme ne laissent pas de servir & de résister à la mer, ce qui fait juger que si elles ne sont pas rigoureusement de la figure la plus avantageuse, les unes & les autres en approchent d'assez près; & il paroît que le point le plus important, pour avoir de bonnes ancres, est de choisir de bonne matiere & de la bien mettre en œuvre.

On s'est beaucoup fatigué sans y avoir réussi à faire cadrer le poids des ancres avec des dimensions données; mais comme dans les grandes masses de fer, il n'est gueres possible que les molécules métalliques soient également rapprochées les unes des autres, il en a résulté, que des ancres faites aussi exactement qu'il étoit possible sur de pareilles dimensions, avoient des pesanteurs très-différentes, ensorte que les unes ne pesoient que 1900 livres, pendant que d'autres pesoient plus de 2500 livres. On doit conclure de ces épreuves, qu'on ne doit pas exiger d'un habile Ancrier de livrer des ancres qui soient exactement du poids & des dimensions qu'on demande; & je pense qu'il faut exiger de l'exactitude dans les dimensions, & estimer beaucoup les ancres, qui sans sortir des dimensions données, seront d'un plus grand poids.

Nous nous contenterons d'ajouter à ce que M. de Réaumur a dit sur les différentes formes qu'on a données aux ancres, 1°, qu'on fait des ancres à un seul bras (*fig.* 19), pour les ancres d'amarrage ou à demeure, qui sont toujours fixées en un même lieu à terre, pour amarrer ou tirer les vaisseaux, en un mot, pour servir de point d'appui ou de corps mort. Mais ces ancres à une patte & sans jas ne valent rien à la mer, pour les raisons qu'en donne M. de Réaumur. 2°, On ne fait plus gueres, ni pour les galeres, ni pour les chaloupes, d'ancres à trois bras (*fig.* 20), tous les grapins, même ceux pour les abordages, ont quatre bras (*fig.* 21), & je crois qu'on a raison; car une patte d'ancre n'est jamais plus disposée à mordre dans le terrein que quand elle lui est plus perpendiculaire, & il est sensible que les grapins à quatre bras qui n'ont point de jas, ont leurs bras plus approchants d'être perpendiculaires, que les grapins qui n'avoient que trois bras; & ce raisonnement prouve encore qu'on a raison de ne mettre que deux bras aux grosses ancres.

Nous ne parlerons point de certains grapins qui ont quatre bras sur un même plan (*fig.* 22), qu'on attache au bout des vergues lorsqu'on se dispose à attacher un brûlot, pour que les pattes s'engagent dans les haubans de l'ennemi. Ce sont des especes de crocs, & de petites pieces de forge, qui ne font point partie de l'objet qui nous occupe. Mais un article des plus importants pour que les ancres ne rompent point, est de les faire avec de bon fer & de les bien forger. C'est ce point qui forme véritablement l'art de faire les ancres; c'est celui qui fait la partie principale de ce Mémoire; c'est aussi l'objet qui a principalement fixé l'attention de M. de Réaumur.

On a toujours fait dans les Ports du Royaume des ancres de barres; mais comme leur façon étoit diſpendieuſe, & qu'on avoit peine à y en fabriquer aſſez pour fournir à de grands armements, pendant que M. de Seignelay avoit le Département de la Marine, il établit une Manufacture d'ancres dans le Nivernois: on les y fit d'abord de loupes.

On ſoudoit enſemble autant de loupes que le demandoient la longueur & la groſſeur de la piece. A meſure qu'on ſoudoit une loupe à une autre loupe, en les préſentant ſous le gros marteau, on leur faiſoit prendre une figure convenable. De toutes les manieres de faire les ancres, c'eſt celle qui coûte le moins, & celle auſſi qui donne le plus mauvais ouvrage. Il importe extrêmement que le fer des ancres ſoit doux, qu'il ne ſoit pas caſſant; mais il n'acquiert de ſoupleſſe qu'à meſure qu'on le dépouille de ſon *laitier*, & qu'on lui forme des *chairs*, ou, ce qui eſt la même choſe, à meſure qu'on lui forme des parties fibreuſes & feuilletées. Les loupes n'avoient pas été aſſez forgées pour avoir été dépouillées de leur laitier ſuperflu, & elles n'avoient pas acquis aſſez de longueur, pour que leurs parties ſe fuſſent diſpoſées en fibres & en feuillets.

Le mauvais ſuccès de ces ancres qui caſſoient preſque auſſi aiſément que de la fonte, fit abandonner cette méthode, & il eſt à ſouhaiter que ce ſoit pour n'y jamais revenir ([1]).

([1]) Il ne conviendroit pas d'expoſer ici en détail les premieres préparations du fer: c'eſt un Art qui mérite bien de faire un Traité particulier; mais nous nous croyons obligés de préſenter ici fort en abrégé ces mêmes objets, parce qu'ils ſont importants pour l'intelligence du texte de M. de Réaumur: on y parle de *gueuſe*, *de fonte de fer*, *de loupe*, *de fer affiné*, *de fer en barre*; le lecteur nous ſaura gré de le diſpenſer d'aller chercher ailleurs l'explication de ces termes.

Les mines de fer, telles qu'on les tire de la terre, ſont compoſées de parties régulines ou ferrugineuſes, de parties terreuſes & de parties ſulfureuſes ou ſalines. On fond cette mine dans de grands fourneaux (*Pl. II*, *fig.* 1) en la mêlant avec une pierre calquaire qu'on nomme *caſtine*, & du charbon de bois. La mine, en fondant, ſe décompoſe en deux fluides de différente peſanteur. Le fluide le plus léger qui nage ſur l'autre eſt une eſpece de verre qu'on nomme *Laitier*, *A*: le plus peſant eſt le métal *B*. Le métal fondu coule au ſortir du fourneau dans un moule, & ſe forme en priſme à baſe triangulaire, quelquefois de 15 pieds de longueur ſur un pied de côté; cette fonte ainſi moulée ſe nomme *une gueuſe* (*fig.* 2).

La fonte de fer eſt un métal encore fort imparfait, & mêlé de parties étrangeres; on ne le peut travailler ſous le marteau ni à chaud ni à froid; il n'a point cette ductilité qui fait le caractere des métaux.

Il y a de ces fontes plus ou moins griſes & plus ou moins blanches. La fonte eſt rendue griſe par des parties terreuſes qui ſont interpoſées entre les grains métalliques; ce qui diminuant l'adhérence des parties métalliques, il en réſulte que le foret & la lime mordent deſſus, & en emportent de petits grains ſemblables, en quelque façon, à du grais ou à des parcelles d'un pot de terre cuite; mais on n'en peut point détacher de copeaux ou de lamines.

On peut affiner cette fonte ou en la refondant, ou par le marteau: on la rend fort blanche en la tenant long-temps en fuſion, ou en la fondant pluſieurs fois. Dans ces opérations il ſe porte à la ſurface un peu de craſſe & du laitier qu'on doit ôter: cette fonte blanche ainſi affinée, au lieu de paroître compoſée de grains comme la fonte griſe, ſemble être un aſſemblage de feuillets talqueux; elle contient plus de parties métalliques que la fonte griſe; mais elle eſt ſi dure, que ni le foret ni le burin ne peuvent mordre deſſus; & elle donne encore moins de marque de ductilité que la fonte griſe; elle caſſe comme du verre, ſur-tout quand, par un refroidiſſement ſubit, elle a acquis une ſorte de trempe; car cette matiere ſurchargée de phlogiſtique eſt en quelque façon trop acier.

On conçoit par ce que nous venons de dire, que des ancres faites de fer fondu ne vaudroient abſolument rien: on dit que les Eſpagnols en ont au Pérou qui ſont faites avec du cuivre fondu ou du bronze. Cette fonte eſt capable de réſiſter; mais je ne ſache pas qu'on en ait jamais fait avec de la fonte de fer.

Au lieu de rafiner la fonte de gueuſe par des fontes réitérées, pour la rendre blanche, comme on eſt perſuadé qu'elle n'en ſeroit que

On chercha à ſubſtituer aux loupes de meilleur fer, & on commença à compoſer des ancres de *miſes*, c'eſt-à-dire, faites de pluſieurs pieces de fer forgées quarrément & enſuite en coin. Au lieu d'employer les loupes rondes, telles qu'elles ſont au ſortir de l'affinerie, on les *cingloit* ſous le gros marteau; on en formoit un parallélipipede (*Pl. III, Fig. 3 & 4*) qui avoit plus de longueur que de largeur & d'épaiſſeur; on faiſoit chauffer une ſeconde fois ce parallélipipede; on le forgeoit enſuite de nouveau, mais de façon que les deux faces égales & oppoſées qui étoient auparavant les plus grandes, devenoient les plus petites. On *amorçoit* enſuite chacun de ces parallélipipedes, c'eſt-à-dire, qu'on en formoit des coins, & enfin on les ſoudoit enſemble pour compoſer les différentes parties de l'ancre. C'eſt ce qu'on appelloit des ancres faites de miſes *ſucées* & refoulées.

A la vérité cette méthode valoit mieux que la précédente : des deux choſes eſſentielles pour rendre le fer doux, on en faiſoit une; on lui enlevoit ſon laitier; mais ce fer n'avoit point encore de fibres. Celles qui avoient été

---

plus caſſante, on la rafine ſous le marteau, comme nous allons l'expliquer. La gueuſe *A* (*fig. 2*) eſt portée au feu (*fig. 3*), où on la chauffe avec du charbon de bois. Ce bout très-amolli & preſque fondant ſe détache du reſte en parcelles qui tombent dans ce qu'on appelle *l'Affinerie B*. L'Affineur raſſemble ces parties avec un barreau C, & en forme une maſſe d'environ un pied de diametre : c'eſt ce qu'on nomme *une loupe* (*fig. 4*). Il eſt bon de remarquer que les fontes ſont d'autant plus aiſées à fondre, qu'elles contiennent plus de laitier & de phlogiſtique, de ſorte que toutes les fontes entrent bien plus aiſément en fuſion que le fer forgé. On ſaiſit cette maſſe avec une groſſe pince (*fig. 7*), & on la porte ſur une enclume; où un Ouvrier, avec un marteau à bras, raſſemble davantage les parties, & comme l'on dit, il raffermit la loupe, qui, en cet état, reſſemble à une éponge (*fig. 4.*), & eſt compoſée de parties hétérogenes; car entre les molécules de fer eſt interpoſée une ſubſtance bouillante & coulante, qui eſt du laitier qui n'a pas été ſéparé à la premiere fonte, & qui empêche que les parties métalliques ne ſe touchent immédiatement.

On porte cette loupe raffermie ſous un gros marteau (*fig. 5*), mû par l'eau, & qui peſe environ 8 ou 900 liv. Ce gros marteau comprime tellement la loupe, que le laitier fondant ſort de tous les pores; & la loupe (*fig. 6.*) devient d'autant plus homogene, qu'elle eſt plus déchargée de ſon laitier; c'eſt du fer, mais du fer imparfait, non-ſeulement parce qu'il n'eſt pas encore entiérement privé de ſon laitier, mais encore parce que les parties métalliques ne ſont pas auſſi exactement unies les unes aux autres qu'elles doivent l'être. La maſſe de fer n'eſt pas auſſi compacte qu'elle peut le devenir : c'eſt néanmoins en cet état qu'on l'employoit pour faire les ancres de loupe, comme nous l'expliquerons dans un inſtant.

Pour donner à ce fer toute la qualité dont il eſt ſuſceptible, il faut le chauffer à différentes repriſes, & le forger. Mais ce n'eſt pas tout, au lieu de ſe contenter de le paîtrir en le frappant de tous les ſens, à peu près comme les Boulangers font leur pâte, il convient de battre le fer toujours dans un même ſens, pour que les molécules de fer s'applatiſſent, pour qu'elles s'appliquent plus exactement les unes ſur les autres : c'eſt le moyen de faire prendre au fer de la chair ou du fil, comme diſent les Ouvriers, c'eſt-à-dire, qu'il ſoit doux & pliant; or rien n'eſt plus propre à lui donner cette propriété que de le tirer en barre. Pour cela ayant chauffé la loupe, on la porte ſur l'enclume (*fig. 8*), & la poſant toujours du même ſens ſur le travers de l'enclume, le gros marteau ſerre, les unes contre les autres, les molécules métalliques, qui de courtes qu'elles étoient, deviennent longues & fibreuſes, de ſorte qu'elles s'engagent les unes dans les autres; il ne reſte entr'elles que très-peu de laitier : alors le fer ne ſe caſſe qu'avec beaucoup de difficulté; au lieu de ſe rompre net, comme faiſoit la fonte ou le fer de loupe, il ſe déchire comme du bois verd. Cette qualité qui caractériſe les bons fers, eſt ſur-tout propre aux fers de Berry bien ouvrés dans l'affinerie. Nous parlerons dans la ſuite du bon uſage qu'on peut faire de ce fer étiré en barres, pour en fabriquer de bonnes ancres; mais il faut auparavant faire remarquer le défaut des ancres qu'on faiſoit autrefois de loupes. Quoique cette pratique ait été abandonnée, il eſt bon qu'on ſache les raiſons qui ont engagé à la proſcrire; ne fût-ce que pour détourner d'y revenir dans la ſuite.

On prenoit autrefois des loupes (*fig. 7.*), qu'on ſoudoit enſemble (*Pl. III, fig. 1 & 2*), pour en former les ancres, comme nous l'expliquerons en parlant des miſes. Ce travail étoit prompt, & coûtoit peu; mais il arrivoit que le fer des loupes ayant une partie des défauts de la fonte, les ancres étoient fort ſujettes à rompre : il auroit preſque autant valu les couler comme les canons.

commencées la premiere fois que les mifes avoient été préfentées fous le marteau, étoient détruites la feconde fois qu'on forgeoit les mêmes mifes; auffi ces ancres foutinrent mal les effais qu'on en fit à la mer.

M. Trefaguet, qui fut dans la fuite envoyé par M. de Pontchartrain pour veiller à la fabrique des ancres, découvrit le défaut de celles-ci : il préfenta en 1702, un Mémoire à ce Miniftre, où non content de lui apprendre le mal, il y propofoit un remede, qui étoit une maniere de faire des mifes qui euffent les mêmes qualités que le fer en barre. Il propofa de faire forger, & il fit forger des barres de trois à quatre pieds de long fur un pouce d'épaiffeur & quatre pouces de largeur (*Pl. III, fig. V*). Il faifoit chauffer ces barres prefque fondantes, & les replioit en deux ou trois endroits (*fig. 6*). Il les faifoit préfenter fous le gros marteau, afin que la partie repliée fe foudât avec le refte : il donnoit de la forte à fa mife l'épaiffeur qu'il jugeoit à propos (*fig. 7*), & l'amorçoit, ou la formoit en coin à l'ordinaire (*fig. 5*). Ce que cette pratique a d'excellent, c'eft que chaque fois qu'on forge les mifes de nouveau, on travaille à alonger & applatir leurs fibres ou leurs feuilles dans le même fens. Les derniers coups de marteau ne détruifent point l'ouvrage des premiers, de forte qu'il n'y a pas d'apparence de faire des ancres avec des mifes mieux conditionnées. Cette fabrique a cependant encore un inconvénient; dans un grand nombre de mifes affemblées les unes avec les autres, il peut s'en rencontrer quelques-unes de mal foudées; l'ancre excellente ailleurs, fe caffera dans ces endroits (1).

---

(1) M. de Réaumur a expliqué fort clairement la façon de faire les ancres avec des mifes non étirées. On conçoit, qu'après avoir forgé la mife *AB* (*Planche II. fig.* 10), pour en former un parallélipipede (*fig.* 11), on forge enfuite le parallélipipede dans le fens *CD*, & qu'enfuite on en forme un coin (*fig.* 12); mais il me paroît que la défectuofité de cette mife ne fe réduit pas au feul défaut que lui reproche M. de Réaumur; favoir, que les molécules ferrugineufes ne font point étirées, applaties, &, pour ainfi dire, foudées les unes aux autres, par une compreffion fuffifante. Je crois devoir ajouter aux remarques de M. de Réaumur, qui font excellentes, que ces maffes de fer étant groffes, il n'y a que le laitier de la fuperficie qui puiffe s'échapper; celui du centre de la mife y refte : il n'en eft pas de même des barres étirées; comme elles ont peu d'épaiffeur, & comme il faut les remettre bien des fois au feu & fous le marteau, le laitier peut s'échapper. Je me fouviens qu'ayant fait dans un Port une recette de fer aigre, on parvint à le rendre doux en le corroyant; mais il en coûta beaucoup en main d'œuvre & en charbon. Il eft vrai que dans ce cas la compreffion des parties métalliques avoit lieu; mais le grand déchet qu'on éprouva, me fait penfer qu'il s'en échappa beaucoup de laitier. Les mifes forgées, étirées & repliées, imaginées par M. Trefaguet, étant faites de barres étirées, ne font point fujettes à ces inconvénients. De plus, on doit remarquer que l'Affineur peut aifément tromper dans la fabrique des mifes ordinaires; car fi pour gagner du temps & épargner du charbon, il les *ouvre* peu, il n'y a plus moyen de connoître le défaut, fi-tôt que l'ouvrier a donné à fes mifes la forme qu'elles doivent avoir; quand il s'agit des mifes de M. Trefaguet, on peut rompre les barres dont elles doivent être faites pour connoître la qualité du fer, & rebuter celui qui eft aigre. Il n'en eft pas de même du bloc de fer; comme on ne peut rompre une mife qui a 8 pouces en quarré fur dix d'épaiffeur, il n'eft guere poffible de connoître la qualité du fer intérieur; auffi arrive-t-il que l'intérieur de ces mifes eft peu différent du fer de loupe, quoique l'extérieur femble affez bien ouvré. Et il s'en fuit, que ces mifes étant chauffées à fouder, & portées fur une piece d'ancre, la croûte creve, une partie du laitier intérieur fort par les crevaffes, & en cet endroit la piece eft très-défectueufe, au lieu que les mifes faites de barres qui ont été éprouvées avant que de les fouder, en fouffrent encore une en les pliant & en les foudant. On eft donc certain que ces mifes qui n'ont point été refoulées fur elles-mêmes, font bien affinées, douces & fibreufes dans toutes leurs parties; mais il faut avouer que ces mifes font fort cheres, car on achete le fer dont elles font faites le prix des barres : ces barres ont befoin d'être foudées trois fois après les avoir

La troisieme maniere de faire des ancres, c'eſt de les faire de barres de fer. Pendant long-temps on s'eſt occupé de ce travail dans les Ports du Royaume; elles ne s'y fabriquoient qu'à force de bras. La façon en devenoit couteuſe, & peut-être ne donnoit pas d'auſſi bons ouvrages que la qualité de la matiere qu'on employoit le faiſoit eſpérer : c'eſt ſur-tout le prix de la façon de ces ancres, qui fit ſonger à en faire fabriquer dans les forges du Nivernois, avec les gros marteaux ; mais on ne ſongea d'abord qu'à les compoſer de loupes, & enſuite avec des miſes, comme nous l'avons expliqué. On regarda, comme un projet impoſſible, de forger des ancres de barres avec ces marteaux d'un poids ſi conſidérable : & voici ſur quel fondement.

Dans les Ports pour faire avec des barres une des parties de l'ancre, par exemple, la verge, on coupoit des barres égales, & chacune à peu près de la longueur de la verge (*Pl. III, fig.* 10), & on prenoit autant de ces barres qu'il en falloit pour qu'elles peſaſſent enſemble à peu près ce que la verge doit peſer. On faiſoit un paquet de toutes ces barres de fer; on lioit ce paquet avec des bandes de fer (*fig.* 11, 12 & 13, & dans la Vignette *fig.* 1) : & enfin on le faiſoit chauffer preſque fondant; & on le frappoit, à force de bras, à coups de marteaux, pour ſouder toutes les barres enſemble. Car on étoit perſuadé qu'il n'y avoit point de liens qui puſſent réſiſter aux rudes coups du marteau des groſſes forges; qu'auſſi-tôt qu'ils viendroient à tomber ſur le paquet, qu'ils écarteroient les barres de tous côtés & que les liens ſeroient briſés.

M. Treſaguet dont nous venons de parler, qui, pendant pluſieurs années, avoit regardé, avec les autres, cette difficulté comme un mal ſans remede, ſoupçonna dans la ſuite qu'elle étoit peut-être moins conſidérable qu'on ne ſe l'étoit imaginé. C'eſt avoir fait un grand pas pour ſurmonter les obſtacles, que de ne les plus regarder comme invincibles. Il ſe familiariſa avec cette idée, & vint enſuite à croire qu'on avoit eu tort de ſe perſuader qu'on ne pouvoit faire d'ancres de barres avec les gros marteaux. Malgré tout ce que les Ouvriers purent lui dire des eſſais inutiles qu'ils avoient faits, il voulut

---

pliées, & il faut enſuite leur donner la forme d'un coin ou les amorçer, ce qui triple l'ouvrage : on voit ces trois opérations (*Pl. III. fig.* 5, 6 & 7).

On voit (*Pl. III. fig.* 8), un corps d'ancre & (*fig.* 9), une miſe ſoudée à un ringard qu'on préſente ſur la verge pour la ſouder.

La miſe *A* ſe ſoude ſur la verge *B*, comme on le voit (*Pl. II. fig.* 13). Lorſqu'elle eſt ſoudée ou qu'elle ſemble l'être, on tourne & retourne la verge ſur l'enclume pour l'arrondir ; & le marteau venant à frapper ſur la partie *A* de la miſe (*fig.* 14), tandis que la partie *C* de la verge porte ſur l'enclume, cette miſe doit gliſſer & ſe ſéparer de la verge ſi elle n'eſt pas bien ſoudée ; au contraire, ſi elle réſiſte au coup d'un marteau qui peſe près d'un millier, & qui tombe de haut, c'eſt une marque que la miſe a fait corps avec la verge, au moins à la partie *A* ; on fera enſuite ſubir la même épreuve à la partie *B*, & ſi la miſe n'eſt pas bien ſoudée à cet endroit, au lieu de gliſſer, il ſe fera une fente *g h*. On voit par ce qui vient d'être dit, qu'un Forgeron attentif peut s'aſſurer ſi ſes miſes ſont bien & exactement ſoudées : c'eſt un argument qu'on a beaucoup fait valoir en faveur des miſes faites de barres contre les faiſceaux de barres forgés à bras, qui ne peuvent jamais faire une ſeule piece, comme on le verra dans la ſuite.

faire tenter cet ouvrage ſous ſes yeux, & dès la premiere fois il réuſſit mieux qu'il ne ſe l'étoit promis ; enfin il a depuis fait fabriquer un grand nombre d'ancres de barres ſous les gros marteaux, qui nous paroiſſent être tout ce qu'on peut faire dans ce genre de plus parfait.

On ne ſauroit douter que les ancres de barres ne ſoient entiérement faites d'un fer doux; du moins ne tient-il qu'à celui qui les fait fabriquer de s'en aſſurer, puiſqu'on peut caſſer chacune des barres [1] avant de l'employer, & par conſéquent examiner la qualité de ſon fer. Chacune des bandes de fer a autant de longueur que la piece qu'elles compoſent ; les fibres du métal ſont diſpoſées dans le ſens le plus avantageux ; mais autant que les ancres de barres méritent, par la qualité de leur matiere, la préférence ſur les autres, autant celles qui ſont forgées ſous le marteau des groſſes forges méritent, par la façon dont leur matiere a été travaillée, la préférence ſur celles qui ſont forgées à force de bras d'hommes. Il y en a pluſieurs raiſons toutes fort déciſives.

Si la verge d'une ancre ſe changeoit, pour ainſi dire, dans une ſeule barre; c'eſt-à-dire, ſi toutes les barres qui la compoſent devenoient auſſi étroitement unies les unes avec les autres, que le ſont enſemble les différentes parties d'une même barre, la verge de l'ancre ſeroit travaillée le plus parfaitement qu'il eſt poſſible. Quelque ſoin qu'on prenne pour ramollir, par le feu, les barres qui forment le paquet d'une verge, elles reſtent toujours des corps durs, qu'on ne peut approcher les uns des autres, & ſerrer aſſez les uns contre les autres, que par le moyen d'une forte percuſſion ; il faut que la force de cette percuſſion ſoit bien conſidérable pour agir avec ſuccès vers le centre de ces paquets ; les barres de la ſurface arrêtent preſque tout l'effet du coup que peut donner un Forgeron. Peut-on ſe promettre qu'un coup de marteau appliqué par des bras d'hommes parvienne juſqu'au centre, malgré toute la réſiſtance qui lui eſt oppoſée ? Sept à huit hommes à la vérité armés chacun d'un marteau du poids de 12 à 15 liv. [2] frappent ſur ces barres pendant qu'elles ſont chaudes ; mais le nombre des hommes ne fait rien ici qu'en ce qu'il met en état de profiter de la ſoupleſſe qu'on a donnée au fer; plus il y a d'hommes occupés à le travailler, & plus on en forge d'une même chaude. Ce qu'il faut comparer, c'eſt l'effet d'un marteau du

---

(1) On ſait qu'un fer aigre & mal ouvré ſe rompt aiſément, & que la caſſe eſt brillante & formée de lamines, que les ouvriers nomment des miroirs: d'autres un peu plus difficiles à rompre, préſentent une ſurface unie, griſe, formée de grains fins; alors ce ſont des fers acéreins, peu propres pour la fabrique des ancres & de tous les ouvrages qui exigent des fers doux ; les fers bien ouvrés, bien épurés & doux, ſont très-difficiles à rompre ; on les plie bien des fois en ſens contraire, ſans qu'ils ſe ſéparent; & au lieu d'une rupture unie, ils ſe déchirent preſque comme du plomb ; alors les ouvriers diſent que le fer a de la chair. Ce ſont les fers de cette qualité qui ſont les plus propres à faire de bonnes ancres.

(2) Les forts & vigoureux Forgerons manient des marteaux qui peſent 30 & même 40 livres ; mais cela n'infirme point le raiſonnement de M. de Réaumur.

poids de 12 à 15 liv. poussé par les bras d'un homme, avec l'effet d'un marteau du poids de 800 liv. (1) qui tombe d'une plus grande hauteur que les marteaux ordinaires des grosses forges. Or il est certain que la force de ce dernier est prodigieusement supérieure à celle du premier; que si les barres peuvent être soudées jusqu'au centre, c'est par une pareille percussion.

D'ailleurs on ne chauffe dans les Ports le paquet de barres qu'avec un feu excité par le vent de soufflets mus à bras, au lieu que dans les grosses forges on se sert de soufflets mus par l'eau, capables d'exciter une chaleur beaucoup plus considérable. Il est bien difficile que le feu entretenu de la premiere maniere ait assez d'ardeur pour ramollir les barres du centre; de sorte que dans les pores une force plus petite s'exerce contre des corps plus durs. Aussi les Forgerons à bras ne se proposent pas de souder les verges de leurs ancres jusqu'au centre, ils prétendent seulement souder celles de la superficie, en former une croûte dans laquelle les barres du milieu sont renfermées comme des plumes dans une écritoire (*Pl. III. fig.* 19). Ce qui paroîtra fort singulier, ou du moins ce qui nous l'a paru d'abord, c'est qu'ils mettent entre les défauts à éviter, de souder une trop grande épaisseur de barres; ils ont pris grand soin de faire mettre cet avis dans un Mémoire que nous avons reçu d'un des Ports du Royaume sur cette matiere; & peut-être seroit-ce en effet un défaut pour des ancres fabriquées à bras d'être soudées jusqu'au centre; en ne se servant que des petits marteaux & des soufflets ordinaires, il seroit peut-être difficile de faire parvenir les coups jusqu'au centre, sans avoir surchauffé la piece, sans avoir brûlé les barres de la superficie; mais aussi est-ce un grand défaut à cette espece de fabrique de ne pouvoir pas même se proposer de lier ensemble toutes les barres qui forment la verge. Je sais que l'ancre ne laisse pas de conserver encore beaucoup de force par la maniere dont les barres sont disposées; mais je sais aussi qu'il arrive quelquefois qu'on croit avoir une ancre de barres, & qu'on n'a qu'une ancre de mises, même mal soudées; quelqu'attention qu'y apporte le Forgeron, quoiqu'il ne soude pas une couche épaisse, il est toujours difficile qu'il ne se brûle pas une épaisseur de fer de quelques lignes. Les barres brûlées ne deviennent plus que des mises, puisqu'elles ont été divisées par le feu: près de la surface, l'ancre est de mises; & vers le centre elle est de barres, qui ne font point de corps.

Il y a encore une autre raison pour laquelle on ne doit pas se promettre un aussi long service de ces ancres que des autres. La rouille que l'eau de

(1) On proportionne la grosseur des marteaux avec celle des ancres: pour les grosses ancres, le marteau, comme le dit M. de Réaumur, est de 800 livres; pour les ancres de 6 milliers, il n'est que de 5 à 600 livres. Mais on leve l'arbre du marteau par le milieu, pour élever le marteau jusqu'à 4 pieds & ½, & faire plus d'impulsion (*Pl. II. fig.* 5). Peut-être seroit-il mieux d'augmenter le poids du marteau pour ne l'élever que près de la masse; car en élevant l'arbre par le milieu on fatigue beaucoup la machine.

mer eſt ſi propre à produire, les uſe du côté où elles ſont les plus fortes ; elle peut même ouvrir des routes à l'eau, pour pénétrer dans l'intérieur de la verge.

Les ancres fabriquées ſous le gros marteau ayant toutes leurs parties mieux liées, plus approchées les unes des autres, ont moins de volume que les autres, à peſanteur égale ; & cette preuve de la bonté de leur fabrique n'a pas toujours tourné au profit de celui qui en avoit eu ſoin.

M. Treſaguet en fit faire une pour un des Ports du Royaume d'où on la lui avoit demandée : on lui avoit marqué de quel poids on la vouloit, & quelle longueur & quel diametre on vouloit qu'euſſent chacune de ſes parties ; on avoit pris ces proportions ſur une autre ancre. L'ancre fabriquée avec ſoin, & rendue dans le Port, fut refuſée par ceux qui l'avoient demandée, & cela parce que cette ancre, quoique du poids qu'on avoit ſouhaité, n'avoit pas la longueur & la groſſeur qu'on avoit marquées. On eut beau dire que cela même étoit une preuve de ſon excellente fabrique ; que tout ce que l'on pouvoit demander étoit que les parties de l'ancre euſſent entr'elles les proportions de l'ancre qu'on avoit ſouhaitée, & non pas les mêmes longueurs & les mêmes groſſeurs ; que pour les donner, il auroit fallu, ou augmenter le poids de l'ancre, dans lequel cas on ne l'auroit plus trouvée convenable, ou faire en ſorte qu'il reſtât des vuides entre les différentes barres dont elle eſt compoſée. Ces raiſons parurent trop abſtraites ; en un mot on vouloit qu'une ancre d'un certain poids eût une certaine groſſeur & une certaine longueur. Celle-ci, pour avoir été trop bien forgée, eſt reſtée à la charge de celui qui l'avoit entrepriſe ; car cette affaire difficile ne fut pas jugée, & cette différence de peſanteur étoit aſſez conſidérable.

Il y a même des cas où il faut avoir néceſſairement recours à un plus grand poids que celui des marteaux à bras, comme nous le verrons dans la ſuite ; nous verrons en même temps qu'on n'a pu rien ſubſtituer d'équivalent aux marteaux des groſſes forges [1].

Nous avons dit que la fabrique des ancres demande deux ſortes de travail ; celui de forger leurs différentes parties, & celui de ſouder enſemble ces différentes parties : les réflexions générales que nous avons faites, ont déja fait entendre une partie du travail de la premiere eſpece.

Nous avons déja répété pluſieurs fois que, pour former la verge, il étoit

---

[1] Nous avons déja dit qu'il eſt preſque impoſſible de faire cadrer les dimenſions exactes des ancres avec un poids donné. On voit que c'eſt le ſentiment de M. de Réaumur ; c'eſt pourquoi dans le marché qui a été paſſé pour la fourniture des ancres, où il eſt dit que l'Entrepreneur s'engage de faire cadrer les proportions des ancres avec leur poids ; on a mis la réſerve à 10 pour cent près, ce qui fait 600 livres ſur une ancre de 6 milliers.

Les Forgerons des Ports, qui étoient toujours conſultés ſur la fabrication des ancres, ont fait tout ce qu'ils ont pu pour qu'elles fuſſent forgées dans les Ports ; d'abord ils ſoutenoient qu'on les pouvoit forger parfaitement à bras, & qu'il étoit à propos que les barres intérieures ne fuſſent pas jointes les unes aux autres. Mais enſuite ils ont eſſayé de faire jouer à bras d'homme de gros marteaux : nous en parlerons dans la ſuite.

à propos de faire un paquet de barres : il y a encore ici quelques différences entre la pratique des grosses forges, ou plutôt de M. Tresaguet, & celle qui étoit en usage dans les Ports, & cette différence n'est pas encore à l'avantage de la fabrique des Ports. M. Tresaguet faisoit forger ses barres exprès plus larges & plus épaisses à un bout qu'à l'autre, à peu près dans la même proportion que la verge doit diminuer de grosseur ; comme il les prenoit à dessein un peu plus courtes que la verge qu'elles doivent former, il leur donnoit un peu plus de dimensions dans les autres sens ([1]).

De ces barres il formoit un paquet qui étoit une espece de pyramide tronquée, à base rectangle (*Pl. III. fig.* 11, 12 & 13), ayant attention de faire placer les barres d'un rang au-dessus des joints des barres d'un autre rang. Pour retenir ce paquet, on formoit des liens avec d'autres barres de fer qu'on changeoit en des especes d'anneaux (*fig.* 14), en soudant leurs deux bouts ensemble. On faisoit de ces anneaux de différents diametres ; on les contraignoit, à grands coups de marteaux, à serrer le paquet (*Pl. III. Vignette, fig.* 1).

Dans les Ports où l'on forgeoit à bras, on se servoit de barres par-tout d'une largeur & d'une épaisseur égale, comme le sont les barres ordinaires de fer forgé (*Pl. III, fig.* 10), de sorte que, pour suppléer à ce qui manquoit de grosseur au paquet vers l'un de ses bouts, on lardoit dedans (*fig.* 15), des barres plus courtes (*fig.* 16), ou l'on mettoit ces barres plus courtes tout autour de la surface (*fig.* 17) : ces deux manieres font ressembler en quelque chose les ancres de barres aux ancres de mises ; & la premiere fait craindre que les barres introduites ne conservent des vuides considérables dans l'intérieur de la verge ; que les longues barres qui portent sur le bout des courtes ne se cassent lorsqu'on les forge, ce qui multiplieroit encore le nombre des mises. On avoit pourtant soin de rendre les barres qui devoient être ainsi fourrées, pointues par un bout : on les nommoit *esquilles de fourniture*.

On donnoit une figure à peu près ronde à ce paquet (*Pl. III, fig.* 15), parce qu'il n'auroit pas été aisé, avec les marteaux à bras, d'abattre des angles aussi aigus que ceux du paquet des grosses forges ; par conséquent les barres s'y trouvoient moins bien agencées les unes auprès des autres ; elles laissoient plus de vuide.

Pour forger aux gros marteaux des ancres de mises & des ancres de barres, il n'y a de différence qu'en ce qu'on soude les mises les unes après les autres, au lieu qu'on forge à la fois toutes les barres qui entrent dans la composition d'une piece ([2]).

([1]) La verge des ancres s'alonge à peu près d'un sixieme sous le gros marteau.

([2]) On a fait plusieurs tentatives pour trouver la meilleure maniere d'arranger les barres, de façon qu'elles formassent, par leur réunion, un cône tronqué. D'abord on les arrangea par zones concentriques (*Pl. II. fig.* 17) ; mais ensuite on apperçut qu'étant quarrées, elles ne pou-

Mais de quelque maniere que l'on fabrique les pieces des ancres, c'eſt toujours avec le charbon de terre; ou, comme on l'appelle en d'autres

---

voient ſe toucher au grand diametre *A A*: on les arrangea donc par lits (*fig.* 18), & le paquet étoit octogone. On a depuis changé encore cette diſpoſition des barres. M. Treſaguet a fait les faiſceaux de barre quarrés, comme on le voit (*Pl. III. fig.* 11; 12 & 13): on eſt enſuite revenu à les faire octogones; mais ayant remarqué que des barres trop menues s'arrangeoient difficilement; qu'elles étoient plus ſujettes à ſe déranger; que celles de la ſurface ne ſoutenoient pas bien le feu, & qu'on multiplioit ainſi le nombre des ſoudures; au lieu de les former de 120 barres, on ne les fait plus que de 25 ou de 26 dans l'ordre qu'elles ſont repréſentées (*Pl. II. fig.* 19), qui indique le gros bout, & *fig.* 20 qui repréſente le petit.

Poids d'une Ancre faite.	Nombre de couches en barres pyramidales que l'on doit mettre dans le paquet de la verge & des bras.	Nombre de barres à chaque couche.	Dimenſions de chaque barre au gros bout. Largeur.		Épaiſſeur.		Dimenſions de chaque barre au petit bout. Largeur.		Épaiſſeur.		Longueur du paquet de la verge prêt à mettre au feu.		Longueur idem de chaque bras.	
			Pouc.	Lig.	Pouc.	Lig.	Pouc.	Lig.	Pouc.	Lig.	Pieds.	Pouc.	Pieds.	Pouc.
	Premiere couche pour couverture.	1	5	10	1	2	3	10	0	10				
	Deuxieme, idem.	3	2	4	1	0	1	8	0	9½				
	Troiſieme, idem.	4	1	11	1	0	1	5	0	9½				
	Quatrieme, idem.	3	2	9	1	0	2	0	0	9½				
3000 liv.	*Cinquieme, idem.*	4	2	1	1	0	1	7	0	9				
	Sixieme, idem.	3	2	9	1	0	2	0	0	9½	10	8	3	10
	Septieme, idem.	4	1	11	1	0	1	5	0	9½				
	Huitieme, idem.	3	2	4	1	0	1	8	0	9½				
	Neuvieme, idem pour couverture.	1	5	10	1	2	3	10	0	10				

M. de Réaumur a bien raiſon de ſoutenir que les ancres ſoudées juſqu'au centre, valent mieux que celles où les barres ſont ſeulement enveloppées d'une croûte de fer forgé; néanmoins, comme on a vivement ſoutenu le contraire, il ne ſera pas hors de propos d'entrer à ce ſujet dans quelques détails.

1°, Il eſt certain que ſi une ancre eſt tirée directement de *A* en *B* (*Pl. I. fig.* 23), ſuppoſant la qualité du fer pareille, celle où les barres ne ſeront pas ſoudées juſqu'au centre, pourront être à peu-près auſſi fortes que les autres. 2°, Mais il faut examiner ce qui arrivera à celles qui ſeront tirées obliquement, comme ſuivant la direction *CD* (*fig.* 24); cette puiſſance qui tend à élever la partie *C* de la verge, tend en même temps à la faire plier.

Pour ſe former une idée de ce qui doit arriver dans cette circonſtance, ſuppoſons trois cylindres de bois égaux entr'eux: conſervons-en un plein, perçons l'autre pour en former un tuyau; & ayant pareillement percé le troiſieme, imaginons-le rempli avec des baguettes, ou ſuppoſons deux cylindres, un plein & formé dans une piece de bois, & que l'autre ſoit fait par la réunion d'un nombre de baguettes, ou que ce ſoit un faiſceau; ſuppoſons encore que ces différents cylindres étant ſoutenus par leur extrémité *a b* (*fig.* 25), ſoient chargés à leur milieu du poids *C*, ce qui revient à peu près au même que l'effort que la verge *F C* a à ſupporter, étant tirée ſuivant la direction *CD*: or il eſt évident que le cylindre maſſif réſiſtera mieux que le cylindre creux, ainſi que celui qui eſt formé par un faiſceau de baguettes. Si nous ſoupçonnions que cela pût ſouffrir quelque difficulté, nous le prouverions d'une façon inconteſtable; mais nous croyons pouvoir nous en diſpenſer. Si le cylindre formé par un faiſceau de baguettes étoit plus fort, on feroit ainſi les eſſieux des voitures & les leviers qui ſont deſtinés à remuer de grands fardeaux; on ſe donne bien de garde de les faire de même; & les ancres tirées ſuivant la direction *CD* oblique à la verge, peuvent toujours être ramenées à l'effet du levier.

Il eſt vrai que le levier de barres mal ſoudées pourra plier avant de rompre, au lieu que le levier de barres bien ſoudées pliera peu avant de rompre; mais il faut ſavoir ſi la force qui fera plier le levier de barres mal ſoudées, ſera ſuffiſante pour rompre le levier de barres bien ſoudées: je penſe que non. On convient bien que la ſomme des forces de toutes les barres rompues ſéparément, eſt ſupérieure à la force du faiſceau, ou même de toutes les barres réunies par une bonne ſoudure: mais il ne s'enſuit pas du tout que le faiſceau rompe plus difficilement que la maſſe d'un barreau bien ſoudée: ſi la verge d'une ancre faite de barres non ſoudées, étant faite d'un fer très-doux, plioit comme celle *F G* (*fig.* 26), il pourroit, à la vérité, en réſulter un petit avantage, pour que l'ancre ne rompît pas, parce que les barreaux du faiſceau étant en partie tirés ſuivant leur longueur, ils fatigueroient moins; mais auſſi le levier de la verge ſeroit beaucoup raccourci, & la verge n'agiroit plus avec autant de puiſſance pour dégager les pattes.

Les partiſans des barres non ſoudées ont fait un raiſonnement auquel je n'entreprendrois pas de répondre, s'il n'avoit pas ſéduit pluſieurs perſonnes. Une ancre qui ploie, dit-on, eſt moins ſujette à rompre que celle qui réſiſte, par la même raiſon qu'un roſeau n'eſt point rompu par une bourraſque de vent qui rompt un gros arbre: pourquoi? parce que le roſeau plie ſous le vent & ſe redreſſe quand le vent ceſſe; mais ne voit-on pas que le roſeau en pliant, ſe dérobe à

endroits, avec le charbon de pierre, qu'on les chauffe. Le charbon de bois incomparablement plus propre à faire les fers doux, ſoit lorſqu'on fond la mine, ſoit quand on forge les barres & les miſes, ne donne pas aſſez de chaleur pour échauffer ſuffiſamment juſqu'au centre de ſi maſſives pieces. Auſſi eſt-ce une regle générale que tous les gros ouvrages de fer doivent être chauffés avec le charbon de terre. Quand le fer a été affiné, & réduit en barres ou en miſes, il a été privé de la plus grande partie de ſon laitier; & ce n'eſt qu'à l'aide de ce laitier, qui eſt un fondant, que le charbon de bois vient à bout de fondre les gueuſes. Si, pour chauffer aſſez une piece de fer épaiſſe, on la laiſſe long-temps expoſée au feu de ce charbon, le deſſus de la piece ſe brûle; le feu agit trop contre la ſurface, & pas aſſez ſur l'intérieur; peut-être parce que le charbon de bois contient moins de matiere huileuſe que le charbon de terre. Cette même matiere huileuſe qui en s'enflammant échauffe le fer, en humectant ſa ſurface l'empêche de ſe brûler ([1]).

Les forges deſtinées à la fabrique des ancres different peu de celles où l'on chauffe le fer pour le convertir en barre; le deſſus du foyer ou de la table eſt plat, excepté vers ſon milieu où il y a un enfoncement de quelques pouces, qui contient une partie du charbon de terre. La ſeule différence remarquable, qui eſt entre ces forges & les forges ordinaires, eſt celle de leurs *tuieres*; l'ouverture de la tuiere des forges ordinaires eſt un demi-cercle, au lieu que l'ouverture des forges à ancres eſt circulaire *B D* (*Pl. IV*, *fig.* 1 & 2), & cette ouverture circulaire eſt beaucoup plus petite que l'autre. Le vent qui en ſort ſe trouve plus raſſemblé; il agit plus fortement contre les parties qu'il rencontre. La différente nature des deux charbons demande cette différence : celui de bois plus aiſément inflammable, eſt, pour

---

l'action du vent, au lieu qu'une ancre, qui a été pliée par un coup de mer, n'élude pas ou peu la force qui agit ſur elle; un ſecond effort la pliera encore, *& un troiſieme la rompra*, d'autant que dans un corps d'une certaine épaiſſeur & qui a plié, toutes les parties ſolides qui le forment, ſont dans des tenſions inégales, la tenſion étant d'autant plus grande que les parties ſont plus voiſines de la face convexe *A* (*fig.* 27), & celles qui ſont à la partie concave *B* ſont en condenſation. Si donc l'effort n'eſt pas réparti également ſur toutes les parties du corps (*fig.* 27), celles qui ſont les plus tendues rompront d'abord, & bientôt les autres éprouveront le même ſort, au lieu que dans la verge d'ancre qui ne plie pas (*fig.* 28), il paroît qu'il y a un plus grand nombre de parties qui réſiſtent de concert, d'où il doit réſulter une plus grande force; car une corde dont tous les fils réſiſteront à la fois rompra beaucoup plus difficilement que celle dont les fils inégalement chargés rompront les uns après les autres.

Mais je demande à ceux qui ſe ſont le plus déclarés pour les barres mal ſoudées, pourquoi ils n'ont prétendu faire l'application de leur principe que pour les verges des ancres? pourquoi ils ont toujours eſſayé que les barres fuſſent bien ſoudées dans les bras? pourquoi on tâche que les ſoudures ſoient bien faites dans les eſſieux des voitures, &c? Pour moi, je penſe qu'on ne s'eſt fortement attaché à ſoutenir l'avantage des barres non ſoudées, que parce qu'il n'eſt pas poſſible dans les Ports où l'on n'a pas de marteaux mus par l'eau, de ſouder parfaitement une auſſi groſſe maſſe de fer, que l'eſt la verge d'une groſſe ancre, & que les Officiers de Port ſe ſont retranchés à dire, qu'il étoit mieux qu'*elles ne* fuſſent pas ſoudées.

Il faut néanmoins convenir que les pailles & les défauts de ſoudures qui ſont ſuivant la longueur d'un levier, ne ſont pas, à beaucoup près, ſi dangereuſes que celles qui ſeroient en travers. C'eſt pourquoi il faut bien ſe donner de garde, en forgeant les ancres, de trop corroyer le fer ſous le gros marteau, on en romproit le fil; il faut eſſayer que les barres ſoient ſoudées les unes aux autres; mais il faut faire enſorte que ces barres ne ſoient point déformées dans leur intérieur.

([1]) Il y a des charbons foſſiles très-bitumineux; ce ſont les meilleurs pour les forges: d'autres ſont chargés de ſoufre, & ceux-là détruiſent beaucoup de fer.

ainſi

ainſi dire, compoſé d'une huile plus volatile ; mais il donne une chaleur plus foible : celui de terre compoſé de parties plus fixes, donne une chaleur plus conſidérable ; mais il ne la donne que quand ſes parties ont été agitées plus fortement.

La matiere huileuſe, ou ſi on l'aime mieux, la matiere bitumineuſe, eſt ſi abondante dans la plupart des charbons de terre, que quand on les allume, cette matiere ſort des différents morceaux de ces charbons, à peu près comme l'eau ſort d'un des bouts d'un bâton humide allumé par l'autre bout. Cette matiere épaiſſe, & par conſéquent gluante, lie enſemble tous les morceaux de charbon, ce qui eſt encore pour le Forgeron une raiſon de préférer le charbon de terre au charbon de bois. La piece qu'il avoit d'abord poſée dans le milieu d'un tas informe de charbon, ſe trouve dans la ſuite entourée de tous côtés d'une eſpece de voûte au milieu de laquelle elle eſt iſolée ; les parties huileuſes lient & ſoutiennent les anciens morceaux de charbon, & même les nouveaux que l'on ajoute ; le vent du ſoufflet entre dans cette eſpece de voûte (*Pl. III, fig.* 35) ; il agit non-ſeulement contre la partie vers laquelle il eſt dirigé, il circule enſuite autour de la voûte ; la piece eſt, pour ainſi dire, dans une eſpece de fourneau de réverbere. Mais ce qui eſt le plus avantageux au Forgeron, c'eſt que comme ſa piece ne touche le charbon en aucun endroit, ſans déranger ſon feu il peut examiner ſi elle chauffe également par-tout ; il le voit par la même ouverture par où la piece entre dans cette eſpece de fourneau ; il voit s'il eſt à propos de la retourner pour mettre la partie, contre laquelle le feu a le moins agi, dans la place de celle qui a chauffé plus vîte ; il voit enfin quand il eſt temps de retirer cette piece, & de la porter ſous le marteau [1].

La verge d'une groſſe ancre eſt une lourde maſſe à manier. Il ſeroit malaiſé de la placer dans la forge, de l'y retourner, de la porter de la forge ſur l'enclume, ſi des hommes ſeuls en ſoutenoient le poids. On en charge une machine ſimple & commode ; les Forgerons l'appellent une *grue* : c'eſt une potence qui a, à l'un & l'autre des bouts de ſon arbre vertical, deux pivots ſur leſquels elle tourne. La hauteur de cet arbre eſt au moins telle qu'un homme droit peut paſſer ſous la branche qui eſt aſſemblée près de ſon extrémité

---

[1] Il eſt très-important, pour réuſſir dans une groſſe piece de forge, d'avoir un chauffeur attentif & intelligent ; il doit tellement diſpoſer la piece qu'il chauffe, que le vent des ſoufflets ne donne pas deſſus, mais qu'il paſſe deſſous ; car l'endroit où frapperoit le vent des ſoufflets ne manqueroit pas d'être brûlé ; néanmoins la partie du fer qui eſt voiſine du vent eſt plus chauffée que le reſte ; & quand le chauffeur (*Pl. II. fig.* 16) apperçoit qu'un endroit eſt chauffé blanc, il doit retourner ſa piece, & bien prendre garde, dans cette opération, de déranger la voûte que forme le charbon ; il doit même jetter de l'eau deſſus, & la fortifier avec du charbon mouillé ; & en continuant un feu bien réglé, il parvient à chauffer ſon faiſceau de barres juſqu'au centre ſans en brûler la ſuperficie. Pour ſoutenir au deſſus de la tuiere la piece que l'on chauffe, on met au devant de la forge une piece de fer (*Pl. VI. fig.* 23) qu'on nomme un croiſſant, ou une demi-lune, & au fond un morceau de fer quarré auquel eſt ſoudé une pointe qui entre dans le foyer de la forge (*fig.* 22) : ces deux morceaux de fer doivent avoir aſſez d'épaiſſeur pour élever au deſſus de la tuiere la piece qu'on chauffe.

supérieure. Au bout de la branche de cette espece de potence (*Pl. III, fig.* 2, & *Pl. IV, fig.* 2 & 3) il y a une crémaillere ou une chaîne de fer ; on pose le faisceau de barres ou la verge dans le crochet de la crémaillere, ou si l'on se sert d'une chaîne, on l'entoure avec le bout de la chaîne.

L'usage de cette grue détermine suffisamment sa place & la proportion de ses parties. Lorsqu'on la fait tourner d'un côté, elle approche de la forge la verge dont la branche est chargée ; si on la fait tourner de l'autre côté, elle éloigne cette verge de la forge, & l'approche de l'enclume : elle doit donc être à peu près à égale distance de l'une & de l'autre, & sa branche doit avoir assez de longueur pour conduire une partie de la verge dans le feu de la forge, & pour la conduire ensuite sur l'enclume [1].

Aux grosses forges, la premiere fois qu'on porte le paquet au feu, on le chauffe par le milieu ; on met ce milieu vis-à-vis de la tuiere ; on doit commencer par-là quand on se sert du gros marteau mu par l'eau, & cela parce

---

[1] Pour qu'une Fabrique d'ancre soit bien établie, il faut qu'il y ait trois grues ou potences tournantes *A* (*Pl. II. fig.* 15) : leurs révolutions des feux aux enclumes sont marquées par des lignes ponctuées. Il faut de plus trois feux *B*. Un grand pour forger les verges & les bras ; un moyen pour chauffer un bras, pendant qu'on chauffe la verge au grand feu, lorsqu'il s'agit de souder les bras à la verge ; & alors il faut au moins deux grues qui partant de deux feux différents se rendent à une même enclume : une de ces grues porte la verge, & l'autre le bras (*Pl. IV*). Le troisieme feu qui est le plus petit, sert à chauffer les mises qui doivent fortifier les aisselles & perfectionner la tête de la croisée. Il faut aussi trois enclumes *C* (*Pl. II. fig.* 15). On a de plus un petit feu pour forger & radouber les outils.

Quoiqu'on voye l'élévation des grues sur les planches III, IV & V, avec les crémailleres aux unes, & aux autres des chaînes & aussi quelques palans, j'ai cru devoir représenter à part, (*Pl. VI.*) ces différents instruments pour les détailler avec encore plus de soin.

La potence tournante que les forgerons nomment grue (*fig.* 1.) est composée d'un arbre vertical *CC* qui tourne en bas sur une crapaudine *A* & en haut dans une bourdonniere *B*. Le bras *DD* étant fort long & devant porter des poids considérables, il est fortifié par un lien *E* & par les tirans *F*.

La crémaillere (*fig.* 2) étant soutenue par un étrier de fer *a* qui peut parcourir toute la longueur du bras *DD* (*fig.* 1), on peut l'éloigner ou la rapprocher de l'arbre tournant *CC* pour que l'ancre porte sur le fort de l'enclume : au moyen des dents *d* (*fig.* 2) on peut établir l'ancre à la hauteur qu'on veut. C'est sur le crochet *c* que repose l'ancre qu'on peut tourner comme l'on veut à cause du boulon *b*. Si on combine tous les mouvements dont la crémaillere & la potence sont susceptibles, on conviendra que cet instrument est d'une grande commodité pour remuer avec facilité d'aussi gros fardeaux : quelquefois on substitue à la crémaillere la chaîne (*fig.* 3).

Le bâtiment des forges ne doit point avoir de plancher, afin que la fumée & l'air chaud puisse se dissiper par le comble ; mais on place des poutres au dessus des feux & des enclumes pour y attacher des poulies, des mouffles ou des palans qui sont d'une grande commodité pour le travail. Par exemple, le palan (*fig.* 4) sert à soutenir la verge lorsqu'elle est au feu, & le palan (*fig.* 5) sert à soutenir la verge lorsque l'ancre est sur son enclume. Il faut donc remarquer que la chaîne (*fig.* 3), ou la crémaillere (*fig.* 2) soutiennent le bout de l'ancre que l'on échauffe ou qui est chauffée, & que les palans soutiennent le bout opposé de la même ancre. Quand l'ancre est ainsi soutenue & placée en équilibre, on la tourne aisément sur l'enclume au moyen d'une piece de bois qu'on passe dans le trou de la culasse qui est destinée pour recevoir l'organeau, comme on le voit *Pl. III. fig.* 3.

Quand un bras est soudé, & qu'on donne une bonne chaude à la tête, il faut soutenir la patte avec un palan, sans quoi son poids pourroit la faire courber. Cette remarque a lieu pour toutes les occasions où il faut porter une grosse piece qu'on a chauffée par le milieu.

Quand la piece est trop courte pour être maniée comme *a* (*Pl. VI. fig.* 6), on y soude un ringard *b* qui est un morceau de fer terminé par un anneau dans lequel on passe un morceau de bois comme dans le trou de l'organeau (*Pl. II. fig.* 16). On s'aide encore, pour manier les pieces qu'on forge suivant leur différente grosseur, ou de tenailles (*Pl. VI. fig.* 7) ou de devers (*fig.* 8, 9, 10 & 11), ou enfin de leviers de fer ou de bois.

La figure 12 représente une enclume. Elles sont presque toujours tout-à-fait quarrées. La surface en est représentée par la figure 13, & on en voit le profil (*Pl. II. fig.* 13). Il faut remarquer (*Pl. VI. fig.* 29) une trappe qui couvre une fosse qu'on pratique toujours auprès de l'enclume pour que les bras des ancres puissent entrer dedans ; elle procure la facilité de tourner l'ancre de tous les sens, ce qu'on ne pourroit pas faire sans cette fosse.

qu'en ſoudant les barres, il les alonge ; or le paquet étant d'abord forgé vers le milieu, elles s'alongent également vers l'un & l'autre bout : une preuve encore bien déciſive que le gros marteau ſoude la verge juſqu'au centre, c'eſt que toutes les barres qui le compoſent s'alongent conſidérablement, & de plus également ; ce qui n'arrive point à celles qui ſont forgées à bras. Le paquet étant chaud à ſouder dans l'étendue d'un pied ou environ, on le conduit ſous le gros marteau : en tournant & retournant ce paquet, on lui fait prendre la figure convenable ; c'eſt à la prudence des Ouvriers à faire tomber les coups à propos. On ne s'en fie pourtant pas au jugement des yeux, pour décider ſi on l'a réduit au diametre qu'il doit avoir. Avant de commencer à forger l'ancre, on en a tracé le gabari, c'eſt-à-dire, que ſur une planche bien unie, on a tiré diverſes lignes paralleles, dont les diſtances des unes aux autres donnent la largeur & l'épaiſſeur de chaque partie de l'ancre ; avec un compas à branches courbes, on meſure ſi la partie de l'ancre qu'on forge a les dimenſions que donne le gabari. Avec cette précaution on ne s'écarte pas des vraies meſures à une demi-ligne près.

On continue à chauffer & à forger de même le reſte de la verge ; on forme le quarré ou la culaſſe qui eſt au petit bout ; & en finiſſant le gros bout, on l'amorce, c'eſt-à-dire, qu'on l'applatit, afin qu'on puiſſe plus aiſément ſouder un bras de chaque côté.

On ſoude enſuite, ſur deux des côtés du quarré, les deux miſes en ſaillies qui ſervent à attacher le jas, & enfin l'on perce le trou de l'organeau. Pour cela on fait chauffer le quarré ; on le porte ſur l'enclume ; on appuie & on retient perpendiculairement ſur le quarré un mandrin ou cylindre de fer de diametre égal à celui du trou qu'on veut percer, & alors on fait agir le gros marteau qui contraint le mandrin à traverſer la verge d'outre en outre (1).

La fabrique de l'organeau n'a rien de particulier : à coups de marteau à bras, on arrondit un morceau de fer fait de barres ; on le fait paſſer par le trou de la verge ; on le recourbe en anneau, & on ſoude enſemble ſes deux bouts (2).

---

(1) Toutes les pratiques qui regardent la forge ſont bien décrites par M. de Réaumur. Néanmoins je remarquerai qu'il eſt d'un uſage conſtant de commencer à chauffer & à forger le petit bout. On a ſoin qu'il y ait un lien immédiatement au-deſſus de l'endroit qu'on chauffe, environ à deux pieds du petit bout. On frappe, s'il eſt néceſſaire, des coins de fer dans les vuides qui reſtent entre les barres & le lien, quelquefois même on lie le faiſceau immédiatement au-deſſous du lien avec pluſieurs révolutions d'une corde mouillée pour empêcher que le lien ne coule. Quand la chaude eſt bien donnée, on poſe ſur l'enclume une des couvertures *T* (*Pl. II. fig.* 19 ou 20), par exemple, & on frappe ſur l'autre couverture *H*. En quelques coups de gros marteau toutes les barres ſont ſoudées, on retourne le faiſceau ſur toutes les faces, & on forme le quarré de la verge. Quand la chaude eſt bonne, & qu'aucun accident ne dérange l'opération, on ſoude à chaque chaude 18 pouces de longueur au petit bout ; mais au gros cela va plus lentement.

Il eſt vrai, comme le dit M. de Réaumur, qu'on perce à chaud le trou du quarré où doit entrer l'organeau ; mais pour les groſſes ancres on emploie ſucceſſivement trois poinçons ou mandrins, commençant par le plus menu.

(2) L'organeau *Z* (*Pl. V, fig.* 8.) mérite beaucoup plus d'attention que ne le dit M. de Réaumur. Celui d'une groſſe ancre du poids de ſept milliers devant entrer dans le trou de la culaſſe

Les Forgerons qui faiſoient les ancres à bras, commençoient à chauffer & à forger le paquet de barres à environ deux pieds & demi du gros bout, *e*, (*Pl. III, fig.* 3 *de la Vignette*); delà ils continuoient en allant vers la culaſſe ou le quarré, ôtant les liens à meſure que les barres ſe ſoudoient; ils faiſoient enſuite le quarré de la culaſſe; & pour cela ils inſinuoient encore diverſes quilles (*Pl. III. fig.* 16) de fourniture, juſqu'à ce que le lien qui les devoit contenir fût rempli. On chauffoit & forgeoit ce quarré; on y perçoit le trou de l'organeau; il ne pouvoit être percé qu'en quatre à cinq chaudes, & dans les groſſes forges on le perce en une; on ſoudoit enſuite les deux tourillons ou miſes qui ſervent à tenir le jas; & enfin la culaſſe étant finie, on revenoit au gros bout; comme cette partie doit être bien fournie de fer, on y faiſoit entrer des quilles à coups de maſſes, juſqu'à ce que le lien qu'on avoit mis à un pied & demi du bout fût bien rempli [1].

Pour former les bras, on diſpoſe un paquet de barres pyramidales, comme on l'a préparé pour la verge, aux différentes proportions près; on le lie de même avec des liens de fer. On ſoude les barres ſous le gros marteau; on forme le rond & le quarré du bras, & on amorce l'extrémité du rond pour le ſouder & le joindre avec la verge. A chaque bout de ce bras, on ſoude un ringard [2] ou longue barre, qui donne au Forgeron la facilité de le remuer dans la forge. On ſe ſert au même uſage (*Pl. III, fig.* 26 & 27), quand le bras eſt preſque fini, d'un ringard volant. On donne ce nom à une barre de fer dont un bout eſt percé par un trou dans lequel on fait entrer une piece de bois que le Forgeron tient à deux mains. A quelque diſtance de ſon autre bout, ce ringard porte une eſpece de lien de fer, & il a de plus à ce même bout un demi-lien, dont les extrémités ſont percées d'un trou dans

---

qui a 44 lignes de diametre, & avoir un peu de jeu, il ne peut avoir que 42 lignes de diametre. Cet anneau qui a peu de groſſeur relativement aux autres parties de l'ancre, doit néanmoins réſiſter à de grands efforts. Ainſi il eſt important de le faire avec du fer très-doux & de le fabriquer avec toute l'attention poſſible. Pour cela on aſſemble avec des liens un faiſceau de barres (*Pl. VI. fig.* 14.) comme nous l'avons expliqué en parlant de la verge, excepté que ces barres ſont plus menues & en moindre nombre; on ſoude, on forge & on amorce ce faiſceau (*fig.* 15), puis on le contourne (*fig.* 16); & comme on n'en peut ſouder les deux bouts que quand l'anneau ſera paſſé dans le trou de la culaſſe, après avoir amorcé les deux bouts du barreau (*fig.* 17), pour qu'ils ſe ſoudent plus aiſément, au lieu de contourner l'anneau ſur un même plan, on en forme le filet d'une hélice; de ſorte que, quoique les deux bouts du barreau ſe croiſent, ils ſont aſſez écartés l'un de l'autre pour qu'on puiſſe paſſer le barreau recourbé dans le trou de la culaſſe, & enſuite ayant donné une bonne chaude aux parties du barreau qui ſont amorcées, il n'y a qu'à les rabattre l'un ſur l'autre & les ſouder: le faiſceau ſe corroye ſous le marteau mû par l'eau; mais ce n'eſt pas un marteau auſſi peſant que pour forger la verge & les bras des ancres. Ainſi quand il eſt réduit ſous le gros marteau, comme le barreau (*fig.* 15), on le contourne & on le ſoude à bras avec les maſſes & les marteaux (*fig.* 18, 19 & 20) qui peſent depuis 15 livres juſqu'à 30. Quand on prend toutes ces précautions pour bien faire les organeaux, ils plient quelquefois ſous les grands efforts qu'ils ont à ſupporter; de ronds qu'ils étoient ils deviennent ovales, mais ils rompent rarement.

[1] On a vu plus haut, que dans les groſſes forges on commence à forger la verge des ancres par le petit bout, & que par la forme pyramidale qu'on donne aux barres, on eſt diſpenſé de mettre des quilles de fourniture,

[2] On voit (*Pl. III. fig.* 1 de la vignette), un ringard ajuſté au petit bout d'un faiſceau deſtiné à faire la verge d'une ancre (*fig.* 12): on voit la même choſe (*fig.* 25, 28 & 29) des ringards ſoudés à des pattes; (*Pl. IV. fig.* 5) un ringard ſoudé au bout d'une verge; enfin (*Pl. VI. fig.* 6) un ringard ſoudé à un morceau de fer: en voilà plus qu'il n'en faut pour faire comprendre ce qu'on entend par un ringard.

lequel

lequel entre la cheville 17. On engage le bout du bras dans le lien ; plus loin on le saisit avec le demi-lien ; on l'arrête avec la cheville, & de cette façon on ajuste au bras un ringard qui n'est pas soudé ([1]).

A l'égard des pattes, on les a toujours fait dans les grosses forges avec des mises, même pour les ancres qu'on fabriquoit dans les Ports ([2]).

Quand il s'agit de souder ensemble cés différentes parties d'une ancre, au lieu d'une grue il en faut deux. On chauffe les deux pieces presque fondantes vers les bouts, qui doivent être appliquées l'une contre l'autre ; elles ont chacune leur forge particuliere ; elles sont assez grosses pour l'occuper. Près de chacune de ces forges il y a donc une grue, & ces deux grues portent chacune leur piece sur l'enclume commune, où elles doivent se réunir (*Pl. IV, Vignette fig.* 2) ; on applique l'un contre l'autre leurs bouts amorcés, & à grands coups on les contraint à ne plus faire qu'un corps. On ne sauroit apporter trop de précautions pour bien souder ensemble les parties de l'ancre ; il n'y a que des coups d'une prodigieuse force, appliqués sur une matiere bien ramollie, qui en puissent venir à bout, sur-tout quand il s'agit de souder un bras à la verge, ce que les Ouvriers nomment *encoller* ; aussi dans les forges où l'on travaille les ancres avec les marteaux à bras, on a recours alors à des machines qui donnent des coups plus violents. Mais avant de parler de ces machines, suivons la pratique des grosses forges ([3]).

([1]) Dans certaines circonstances les devers (*Pl. VI. fig.* 8, 9, 10 & 11) tiennent lieu du ringard volant dont on vient de parler.

([2]) Pour faire les pattes, ayant préparé des mises de fer bien affiné & corroyé, on en soude une au bout d'un ringard ; à celle-là on en ajoute une ou deux autres pour faire la longueur de la patte ; on étend ces mises en les applatissant ; on les amorce par les bords pour recevoir d'autres mises à peu près comme le représentent les lignes ponctuées de la figure 28, Pl. III. Quand la patte a l'étendue & l'épaisseur qui convient à la grandeur de l'ancre que l'on forge, on la borde, c'est-à-dire, qu'avec la tranche (*Pl. VI. fig.* 21) dont il sera parlé dans la suite, on coupe ce qu'il y a de trop (*Pl. III. fig.* 29) ; & avec les marteaux à bras on lui donne la figure réguliere qu'on voit (*Pl. III. fig.* 24). Autrefois les pattes étoient terminées par des lignes droites ; mais maintenant on fait leurs bords un peu courbes, comme on le voit (*Pl. I. fig.* 2 & 3, & *Pl. IV. fig.* 3 & 4), ce qui augmente un peu leur surface.

Quand le bras est exactement forgé, on donne une chaude au quarré, & dans une autre forge on chauffe la patte pour la souder sur le bras dans toute sa longueur, ce qui demande de la célérité & de l'adresse ; car il faut que cette réunion se fasse d'une seule chaude. (Voy. *Pl. I. fig.*, 2, 3 & 4, & *Pl. IV. fig.* 3 & 4). Il est vrai qu'ayant quelquefois remarqué, en finissant l'ancre, que la patte n'étoit pas soudée dans une partie de sa longueur, on y a remédié avec des clous rivés : cela est très-bon, mais c'est une ressource que l'entrepreneur doit éviter le plus qu'il est possible ; car comme il faut percer avec le foret la patte & le bras, cette opération emporte des frais considérables. Lorsque la patte est soudée, il faut donner aux bras la courbure qu'ils doivent avoir : pour cela on leur donne des chaudes plus ou moins fortes suivant l'épaisseur du fer, & on les transporte sur deux billots de bois qui sont couverts d'une épaisse semelle de fer, ce qui fait comme deux enclumes qui sont près l'une de l'autre ; & avec de gros marteaux à bras on frappe dans le porte-à-faux ou entre ces deux especes d'enclumes, ce qui fait prendre peu à peu l'arc ou la courbure que les bras doivent avoir, comme on le voit (*Pl. IV, FG fig.* 3, & *P O fig.* 6). Pour bien conduire cette courbure, il faut, sur la table où on a tracé le patron ou gabari de l'ancre, tirer du bec de l'ancre à son gros bout, non compris l'amorce, une corde ou une ligne *RR* (*Pl. I, fig.* 1), ensuite élever de demi-pied en demi-pied les ordonnées *SS* perpendiculaires à la ligne *RR* ; car en plaçant sur la piece qu'on forge une regle divisée en demi-pieds, on fera en sorte que les ordonnées soient pareilles à celles du gabari ; ou bien on fait prendre à un barreau de 4 ou 5 lignes en quarré, la courbure que ce bras doit avoir ; & en posant ce barreau sur la piece qu'on forge, on fait en sorte de lui faire prendre le même arc.

([3]) M. de Réaumur insiste beaucoup & avec grande raison, sur les précautions qu'il faut prendre, pour que la soudure des bras avec la verge soit bien parfaite : il dira dans la suite qu'on fortifie l'encolure avec des mises qu'on soude à bras dans les aisselles & sur la tête de la croisée ; enfin on rogne l'excédent de fer avec la tranche, & on

A la forge d'Imphy dans le Nivernois, on a un marteau monté exprès pour l'encolage, qui s'éleve plus au-dessus de l'enclume que les marteaux ordinaires, à cause de la hauteur des bras qu'il faut retourner dessous. D'ailleurs l'effet de la percussion est d'autant plus considérable que le coup tombe de plus haut; aussi ce marteau soude-t-il un bras à la verge en quatre à cinq coups. Il a pour manche une piece de bois de neuf pouces d'équarrissage, longue de douze pieds : ce manche est à l'ordinaire porté par la piece de fer appellée *husse*; mais au lieu que les bras agissent sur les autres gros marteaux, en les prenant entre l'enclume & la husse, ici ils le rencontrent entre la husse & la queue, & c'est en abaissant le manche en cet endroit qu'ils élevent le marteau à 30 ou 40 pouces de hauteur. Il y a environ six pieds du marteau à la husse, & il n'y en a gueres que trois de la husse à l'endroit que pressent les bras alternativement; l'arbre n'a que deux bras; s'il en avoit davantage, ils rencontreroient le manche avant qu'il fût à la fin de la chûte ([1]).

Quand le marteau est dans l'inaction, il est soutenu par un pieu presque vertical, entré à force sous son manche. Ce pieu reste jusqu'à ce que les pieces à souder soient arrangées sur l'enclume; si-tôt qu'elles le sont, un Ouvrier abat le pieu d'un coup de maillet, le marteau tombe sur les pieces & continue à les frapper, parce qu'on leve dans le même instant la pale qui arrêtoit le cours de l'eau. Un bras étant soudé on soude pareillement le second, mais de l'autre côté du même bout de la verge. On employe différentes machines, dans différents Ports, pour souder les bras à la verge. A Brest ([2]) on se sert d'une sonnette semblable à celle avec laquelle on éleve un mouton pour enfoncer des pilotis. Pendant qu'on fabriquoit des ancres à Vienne, on se servoit de la même machine, par le moyen de laquelle sept à huit hommes élevoient un vrai mouton. Mais à Brest, en la place du mouton, on met une massue (*Pl. V, fig.* 10, *A C B*) pesant environ 300 liv. Cette massue est par-tout à peu près ronde; mais elle a deux diametres différents : le manche *B* est de grosseur à être empoigné par un Forgeron; l'autre bout *A* est beaucoup plus gros. La corde qui sert à la suspendre & à l'élever, est attachée où finit le gros de la massue, & où commence son manche. Pendant que sept à huit hommes travaillent à l'élever en tirant sur les cordons *E*, il y en a un qui tient le bout *B* de son manche; il la dirige pendant sa chûte, & il la fait tomber, autant qu'il lui est possible, sur l'endroit à souder ([3]).

---

pare l'ancre. Tout cela sera expliqué quand M. de Réaumur aura décrit les Machines de Brest & de Rochefort : nous remettons encore à parler en cet endroit des attentions qu'on doit apporter, pour que les bras soient exactement dans le plan qui leur convient.

([1]) Cette façon d'élever le marteau fatigue beaucoup l'arbre : néanmoins tous les gros marteaux de la fabrique de Cosne sont disposés de cette façon; mais on fortifie toutes ces parties pour qu'elles puissent résister à ces efforts.

([2]) Les machines de Brest & de Rochefort qui originairement avoient été faites pour faire des ancres, ne servent plus, depuis l'établissement de la fabrique de Cosne, qu'à radouber celles qui ont été rompues. Je pense même qu'il y auroit plus d'économie à renvoyer les ancres à Cosne, que d'entreprendre des radoubs qui coûtent beaucoup dans les ports, & qui ne sont solides que quand les ancres ne sont pas fort grosses.

([3]) Je ne sais s'il ne feroit pas mieux d'élever par une sonnette *E D A* (*Pl. V. fig.* 10.) un marteau

La machine dont on ſe ſert à Rochefort (*Pl. V, fig.* 12 & 5), eſt moins ſimple : elle fait agir un marteau peſant 6 à 700 liv. il a un manche *I G* (*fig.* 2) ſemblable à ceux des marteaux des groſſes forges. Pour ſoutenir ce marteau & les pieces qui le font agir, on a conſtruit un aſſemblage de charpente compoſé de divers montants liés par des entre-toiſes : le tout forme une eſpece de cage *r*. Les deux montants du devant de l'aſſemblage, (nous donnons ce nom aux deux plus proches de l'enclume,) portent les pivots, ou le boulon *H* autour duquel le manche tourne. La partie *H G* de ce manche qui eſt en dehors de la cage, eſt chargée du marteau ; elle eſt de quelque choſe plus longue que celle qui eſt en dedans.

On entendra plus aiſément l'uſage des autres pieces dont il reſte à parler, lorſque nous aurons averti que le marteau n'agit point ici comme dans les groſſes forges, en tombant librement ; que diverſes pieces le pouſſent pendant toute ſa chûte, à peu près comme les mains pouſſent les marteaux à bras. Les deux montants qui portent le marteau, portent au deſſus un boulon *L* autour duquel tourne une forte piece de bois *P K* ; elle eſt poſée immédiatement au deſſus du manche ; elle a peu de ſaillie par delà les deux premiers montants ; mais en dedans de la cage, elle va quelques pouces plus loin que le bout du manche : on l'appelle & nous l'appellerons *barre du reſſort*. Elle tire ce nom d'une piece de fer recourbée *M N* ou *g h*, dont une partie eſt attachée contre elle, & l'autre contre le manche aſſez proche de ſon extrémité.

La même barre tient encore au manche du marteau par un autre endroit ; à quelques pouces de ſon bout elle a une frette de fer ; le manche en a auſſi une. Une chaîne *O* de fer engagée dans l'une & dans l'autre frette eſt le ſecond lien qui tient la barre du reſſort jointe avec le manche ; d'où il ſuit que ſi on éleve le bout de la barre, on élevera en même temps le bout *I* du manche du marteau, ou ce qui eſt la même choſe, qu'on fera deſcendre le marteau vers l'enclume ; la barre contribue encore, par un autre endroit, à faire deſcendre le marteau ; quand ſa partie *P* qui eſt en dedans de l'aſſemblage, s'éleve, celle qui eſt en dehors *K* s'abaiſſe ; elle rencontre le manche entre ſon point d'appui & le marteau ; elle le preſſe donc encore de deſcendre.

Huit hommes *b* (*fig.* 1) appliquent leurs forces pour faire agir la barre du reſſort, & voici la diſpoſition des pieces qui leur en donnent la facilité. Dans les deux montants de derriere ſont taillées deux couliſſes, l'une vis-à-vis l'autre ; un peſant cric *e* (*fig.* 4) y monte & deſcend librement, ſans pouvoir s'écarter d'aucun autre côté. Les dents du cric ſont en dehors de l'aſſemblage que nous avons comparé à une cage : une ſeule eſt prolongée en dedans, celle-ci eſt arrêtée par le moyen d'une clavette contre une piece de fer *Z Y* (*fig.* 3)

---

ajuſté comme dans les grandes forges, & qui ne peſeroit que 3 ou 400 livres ; car le grand défaut de la ſonnette de Vienne & de la maſſue de Breſt, que j'ai vu opérer, eſt que le plus vigoureux Forgeron a bien de la peine à diriger ces groſſes maſſes dans leur chûte.

faite en maniere de verrouil commun ; le prolongement de la dent entre dans la partie qui ressemble à la poignée du verrouil. Le corps du verrouil ou le boulon est engagé dans deux crampons *V V* (*fig.* 3) qui ont quelque saillie par de-là de la barre du ressort, & attachés chacun contre une de ses faces latérales ; ainsi le cric est, pour ainsi dire, attaché lui-même au bout de la barre du ressort.

Par de-là les deux derniers montants de l'assemblage que nous avons appellé une cage, est un autre assemblage de charpente, dont les deux pieces *q* (*fig.* 5) que nous avons à considérer sont deux entre-toises de la cage prolongée ; elles portent en *n* l'essieu d'une lanterne *d d* (*fig.* 4), qui n'a des fuseaux que dans une moitié de sa circonférence, & qui en a autant que le cric a de dents. Le même essieu est celui sur lequel sont fixées deux grandes roues de bois *m* (*fig.* 5) ; la lanterne est à égale distance de l'une & de l'autre : elles ont chacune une manivelle *p* placée assez proche de leur circonférence. Une grosse corde tient à chacune de ces manivelles.

Quatre hommes tirent avec force, & subitement chacune de ces cordes, pendant que deux hommes de grande taille agissent de chaque côté immédiatement sur la manivelle. Ils font faire un demi-tour aux roues, ou, ce qui est la même chose, à la lanterne, avec qui leur essieu est commun ; au bout de ce demi-tour de lanterne, le marteau tombe sur l'enclume. Pour voir la liaison qui est entre ce demi-tour de la lanterne & la chûte du marteau, il faut imaginer le cric *Q* (*fig.* 2) aussi bas qu'il puisse être, & la premiere dent ou la dent supérieure du cric engagée sur le premier fuseau de la lanterne *S R*. La lanterne en tournant, prend successivement toutes les dents du cric ; elle l'éleve ; le cric éleve la queue de la barre du ressort qui entraîne avec soi le bout du manche du marteau, le marteau par conséquent descend. Le second bout de la barre, celui qui est placé entre le marteau & le point d'appui de son manche, presse encore la chûte : le marteau ne tombe sur l'enclume que quand le dernier fuseau a élevé la derniere dent du cric. Dans l'instant suivant dans l'autre demi-tour, la lanterne n'a plus de prise sur le cric, aussi le marteau se releve ; & cela parce que le poids du cric, celui du ressort, celui de la partie de la barre & de la partie du manche, qui sont en dedans de la cage, joints ensemble, surpassent le poids du marteau & de la partie de son manche qui est en dehors de la cage.

Quoique la percussion de ce marteau produise un grand effet, elle n'égale pas celle des marteaux des grosses forges, & elle est plus lente.

Pour retenir encore plus fermement les bras contre la verge, on applique des mises aux aisselles, & sur tous les joints, ou on les soude avec des marteaux à bras.

Le bout de la verge excede ordinairement les bras : on rogne cet excédent & tout ce qui se rencontre ailleurs de fer superflu avec une tranche, outil

outil simple dont nous verrons souvent faire usage : c'est une espece de coin d'acier bien trempé, engagé dans une fente faite dans un long morceau de bois (*Pl. VI, fig.* 21) qui lui sert de manche. Le maître Ancrier tient le manche pendant que des Forgerons frappent sur la tête de la tranche dont le tranchant est appuyé sur le fer inutile, (*voyez* (*Pl. IV, fig* 3 *de la Vignette*) : enfin, à coups de marteaux qui ne pesent que 15 à 18 livres, on acheve d'applanir & d'unir les endroits raboteux, ce qu'on appelle *souder les balevres, & parer l'ancre* ([1]).

Une partie de l'effet de l'ancre dépend de la juste courbure de ses bras; on acheve quelquefois de la leur donner après que tout le reste est fini, & cela sans secours de marteau. On assujettit avec des cordes la verge de l'ancre contre un pieu vertical. On allume le feu sous un des bras, & principalement vers le défaut de la patte, qui est l'endroit à recourber. On attache une corde à cette patte, & on la fait passer sur une poulie qu'on a eu soin d'arrêter contre la verge. Deux ou trois hommes, en tirant cette corde, contraignent le bras à se recourber ; qu'on n'en conclue rien de désavantageux contre sa force, de ce qu'il cede à deux ou trois hommes, lui qui doit tenir contre le vent; le feu l'a pour ainsi dire rendu une pâte molle, (*Pl. III, fig.* 4 *de la Vignette*).

Il y a une maniere équivalente de recourber le bras : après l'avoir chauffé, on passe une corde dans l'organeau; on attache les deux bouts de cette corde tendue à un étrier de fer, qui embrasse le bras proche du bec; cet étrier est retenu par une chaîne de fer, qui saisit le bras au défaut des ailes de la patte; ces ailes empêchent la chaîne de glisser. On passe ensuite un levier entre les deux parties de la corde; plusieurs hommes appliquent leur force pour tourner le levier; ils tortillent les deux parties de la corde l'une sur l'autre; ce qui tire fortement le bras, & le contraint à se courber. (*Pl. IV, fig.* 7). Il y a pourtant des endroits où l'on ne courbe les bras qu'à coups de marteau, & cela immédiatement après y avoir soudé les pattes.

La courbure qu'on tâche de leur donner est celle d'un arc de cercle de

([1]) Nous avons déja dit, & on doit le comprendre, si on se rappelle ce qui a été dit au commencement de ce Mémoire, qu'il est très-important que les deux bras des ancres soient exactement dans un même plan, & en outre que le plan qui passeroit par l'axe des deux bras coupe à angle droit celui qui passeroit par l'axe du jas. Enfin il faut que les plans des deux pattes soient paralleles entr'eux; ces conditions sont très-importantes, & méritent toute l'attention du maître Ancrier. Pour les remplir, il place sur l'enclume la verge, de façon que le morceau de bois que le maître Ancrier tient dans ses mains, & qui passe dans le trou de l'organeau soit bien parallele au plan de l'enclume, ou qu'il soit bien de niveau. S'il y a déja une patte de soudée, comme on le voit dans la vignette de la Planche IV, le maître Ancrier fait caller cette patte sur des chantiers & des coins de bois. On voit dans cette vignette quatre Ouvriers occupés à faire prendre cette position à une ancre qu'on va encoller; on a supprimé les autres ouvriers pour éviter la confusion. Au lieu qu'on n'a représenté dans la vignette que deux grues & deux chaînes, on employe encore des palans (*Pl. VI*), des chantiers, &c, pour que les bras soient précisément dans la position qui leur convient; mais il faut que ces opérations qui exigent de la précision, s'exécutent fort vîte, afin que le marteau puisse frapper tandis que le fer est extrêmement chaud.

60 degrés ou environ. Voici comment le forgeron mesure cette courbure : il prend la longueur qu'il y a depuis la croisée jusques au bec. En commençant de même à la croisée, il porte cette longueur sur la verge, & mesure si la distance qu'il y a depuis l'endroit de la verge où elle se termine jusqu'au bec, est égale à chacune des longueurs précédentes. Si elle est plus grande, il continue à faire courber le bras, il mesure la nouvelle courbure, & cela jusqu'à ce qu'il trouve que les trois lignes dont nous avons parlé, forment un triangle équilatéral [1].

Avant de confier le salut d'un Navire à une ancre, on l'éprouve ordinairement. On a deux manieres différentes de faire cette épreuve, dont la premiere devroit être entiérement rejettée, quoiqu'on y ait quelquefois recours dans nos Ports, & que plusieurs gens dignes de foi m'ayent assuré l'avoir vu pratiquer en Hollande. Pour cette espece d'épreuve on fait un lit de vieux canons ou d'autres gros morceaux de fer arrangés les uns auprès des autres. Près de ce lit on place une grue de 30 à 40 pieds de haut : on éleve l'ancre à essayer au haut de la grue, & on la laisse tomber tout d'un coup sur cette couche de ferraille. Elle est jugée bonne si elle résiste à cette épreuve, & mauvaise si elle se casse. A vrai dire, le jugement qu'on en porte est fort incertain : une mauvaise ancre peut résister si la percussion tombe sur les parties les plus fortes ; & la percussion peut être telle, qu'elle brisera une partie bien fabriquée & construite dans les proportions. Ce n'est point par une espece de percussion pareille que le Vaisseau agit contre l'ancre, il faut essayer sa force de la maniere dont elle a à l'exercer ; c'est pourquoi la seconde maniere de l'éprouver est sans doute préférable.

Pour faire cette autre épreuve, on enfonce un pieu ou une poutre dans la terre, on accroche le bras de l'ancre à ce fort pieu, & on met un cordage dans l'organeau de l'ancre. Par le moyen d'un cabestan, on tire ce cordage jusqu'à le casser, si l'on veut ; d'où il est clair que si le cordage est de la grosseur ou de la force de celui qui doit tenir l'ancre dans la mer, l'ancre a soutenu dans cette position la plus grande résistance qu'elle ait à soutenir : je dis dans cette position ; car celle où on l'a mise n'est peut-être pas celle où certaines parties de l'ancre fatiguent le plus. Pour faire cette épreuve d'une maniere encore plus sûre, il faudroit placer l'ancre à peu près comme elle l'est dans la mer, & lui donner des appuis fixes en différents endroits de son bras ; ce qui seroit aisé en faisant entrer la patte dans un trou creusé en terre, auprès duquel une grosse poutre, stablement arrêtée, seroit aussi engagée en terre ; la poutre seroit le point fixe qui arrêteroit le bras : enfin l'essai fait sur un bras ne conclut rien pour l'autre.

---

[1] Nous avons suffisamment parlé de cette courbure au commencement de ce Mémoire, ainsi nous nous dispenserons d'insister sur ce point. Voyez pour l'intelligence de ce que dit M. de Réaumur (*Pl. I, fig.* 1), le triangle *HDN*.

C'est ordinairement aux bras que les ancres se cassent en mer, ce que les Marins appellent *s'épatter*; elles se cassent aussi à la verge près du quarré; ce sont les endroits les plus foibles : elles se cassent aussi quelquefois proche de l'encolure, & dans d'autres endroits; mais alors c'est la faute du fer ou de la fabrique (¹).

Remarques sur les proportions des Ancres de différents poids.

Il n'y a encore rien de constant, d'établi, ni même d'usage constamment suivi sur les proportions que doivent avoir entr'elles les parties d'une même ancre, & sur celles que doivent avoir entr'elles les parties d'ancres de différents poids. Les proportions qu'on leur veut dans un Port sont différentes de celles qu'on leur veut dans un autre. Une ancre fabriquée sur les mesures qu'on demande à Brest, est toute différente de l'ancre du même poids fabriquée sur les mesures qu'on demande à Rochefort : il y a plus; on change souvent de proportions dans un même Port.

En général ces variétés viennent de ce qu'on n'a encore rien déterminé géométriquement sur la figure des ancres. Entre plusieurs ancres d'un même poids, forgées selon les différentes proportions, on a choisi celle qui a plus d'avantage, pour servir de modele à toutes les autres de pareil poids; mais il est souvent arrivé que celles qui étoient selon les proportions choisies, n'avoient plus le poids de l'ancre qui servoit de modele; ou que quand on leur donnoit le même poids, on ne pouvoit plus leur donner les mêmes proportions. Plus le fer est pur, moins il contient de laitier, plus

---

(¹) J'ai représenté (*Pl. VI. fig.* 26), la manœuvre que M. Deslongschamps avoit imaginée pour éprouver les ancres. Ayant à éprouver l'ancre *A*, on enlaçoit les bras *B* par les pilots *C*; on tiroit l'ancre obliquement par le cabestan *F* & le pieu *E* : par l'application oblique des forces, on faisoit en même temps souffrir des efforts à la verge & aux deux bras; mais si on vouloit augmenter ces efforts jusqu'à rompre le cordage, il falloit ne le pas rendre capable d'une trop grande résistance. Car un effort qu'on multiplie tant qu'on veut, peut être poussé au point de tout rompre. Je voudrois donc ne mettre au cabestan que le nombre d'hommes qu'on employe ordinairement pour lever une ancre qui est bien prise dans un terrein; car si dans ce cas l'ancre résiste, elle doit être jugée bonne, quoique le cable n'ait pas rompu; d'ailleurs si on alloit toujours jusqu'à rompre le cable, les épreuves coûteroient beaucoup.

Pour prouver que rien ne résiste à des efforts multipliés, il suffit de rapporter une expérience que j'ai vu faire à Rochefort. Ayant appuyé les deux pattes des ancres sur deux forts pilots (comme on le voit *Pl. VI. fig.* 27), on multiplia la force du cabestan, par des caliornes qui agissoient suivant la direction *AB*. Trois ancres qu'on reconnut excellentes par la rupture, rompirent néanmoins par la verge vers *C*, & on cessa cette épreuve, parce qu'on s'apperçut qu'on romproit toutes les ancres de l'Arsenal.

Je pense comme M. de Réaumur, que l'épreuve proposée par M. Deslongschamps est beaucoup préférable à celle qu'on employoit auparavant, & qui consistoit à faire tomber des ancres sur des canons; car indépendamment des raisons que M. de Réaumur a rapportées, & qui sont très-bonnes, j'ajouterai qu'une violente commotion, qui n'a pu rompre un corps dur, a quelquefois tellement ébranlé & désuni les parties, qu'elles rompent ensuite sous les moindres efforts. Un canon de fusil, à qui on a fait subir une violente épreuve, creve avec une charge ordinaire. Mais rien n'est plus propre à rendre cette vérité sensible que de voir travailler un Fendeur de grais : il donne sur son bloc de grais 5 ou 6 coups de masse sans qu'il paroisse la moindre rupture, & au septieme le bloc se sépare quelquefois en deux.

Je pense donc que l'épreuve proposée par M. Deslongschamps est la moins mauvaise de toutes, mais que le mieux est de s'assurer de la bonté des barres qu'on employe, & de la perfection de la fabrique. On verra dans un instant que c'est aussi le sentiment de M. de Réaumur.

il pese ſous le même volume. D'ailleurs une ancre contient d'autant plus de fer ſous le même volume, qu'elle a été mieux forgée, que les barres ou les miſes ont été mieux ſoudées enſemble; il en reſte d'autant moins de vuide entr'elles, & les différences qui naiſſent de-là peuvent aller loin. M. Treſaguet aſſure, & on peut ſe fier à ce qu'il aſſure, qu'une ancre de ſa fabrique, faite ſur les mêmes dimenſions d'une ancre de Rochefort de 1900 liv. peſoit 2535 livres.

Cela même fourniroit une maniere de connoître la nature de leur fer, & ſi elles ont été bien fabriquées. Après s'être déterminé pour les proportions qu'on croit les meilleures, il faudroit faire fabriquer, devant des perſonnes éclairées & attentives, des ancres compoſées toutes d'un fer excellent, & forgées le plus parfaitement qu'il ſeroit poſſible. Ces ancres faites avec ſoin, ſerviroient, pour ainſi dire, d'étalons pour toutes les autres: celles qui ayant les mêmes meſures peſeroient moins, ſeroient reconnues pour être d'un mauvais fer, ou mal fabriquées.

Une ſeule ancre même faite avec ce ſoin, ſuffiroit ſi elles doivent toutes avoir des figures ſemblables; les meſures d'une ancre d'un certain poids étant connues, on détermine par le calcul quelles doivent être celles d'une ancre demandée d'un autre poids; le diametre ou la longueur de chaque partie ſemblable de l'une eſt au diametre ou à la longueur de chaque partie ſemblable de l'autre, comme la racine cubique du poids de la premiere eſt à la racine cubique du poids de la ſeconde; ou, ce qui revient au même, ſoit diviſée la racine cubique du poids de l'une par la racine cubique du poids de l'autre, & ſoient diviſées par le quotient chacune des parties connues, on aura les parties cherchées, c'eſt-à-dire, que nommant D, le diametre ou la longueur d'une partie quelconque de l'ancre connue, P ſon poids, p, le poids de l'ancre qu'on veut fabriquer, x, ſon diametre ou ſa longueur, on aura pour déterminer les proportions, $D . x :: \sqrt[3]{P} . \sqrt[3]{p}$. ou $x = \frac{D \times \sqrt[3]{p}}{\sqrt[3]{P}} = D \times \sqrt[3]{\frac{p}{P}}$.

Un exemple va rendre cela encore plus ſenſible. Soit P ſuppoſé repréſenter tantôt la longueur, tantôt le diametre d'une ancre de 4000 liv. & qu'on veuille connoître les proportions d'une ancre de 500 liv. dans ce cas, $P = 4000$ liv. & $p = 500$ liv. & alors $\sqrt[3]{\frac{p}{P}} = \sqrt[3]{\frac{500}{4000}} = \sqrt[3]{\frac{1}{8}} = \frac{1}{2}$: donc $x = \frac{D}{2}$. Ainſi, ſi je veux conſtruire une ancre de 500 liv. ſemblable à une ancre de 4000 liv. je dois donner à ſa verge la moitié de la longueur de la verge de l'autre; de même je donnerai à cette verge près du collet & près du quarré, des diametres qui ſeront la moitié de ceux de l'ancre qui ſert de modele, & ainſi de ceux de toutes les autres parties.

Ce que nous avons dit de l'ancre de 500, & de l'ancre de 4000 liv. doit ſe dire de même de toutes les autres. Le calcul n'en deviendra pourtant pas toujours

toujours également commode : souvent on sera contraint de se contenter d'à-peu-près, & cela, parce qu'on ne pourra que rarement avoir en nombre entier la racine cubique d'un poids divisé par un autre.

De-là vient encore que, quoiqu'on se soit proposé, dans les différentes Tables des proportions des ancres, de leur donner des figures semblables, on ne le fait que rarement : on en aura assez de preuves si on compare, dans une de ces tables, les proportions d'une ancre de 500 liv. avec celles d'une ancre de 4000 liv. on trouvera que les parties de la petite ont la plupart un diametre qui surpasse la moitié de celui des mêmes parties de la grande.

On pourroit croire que cela a été fait à dessein ; qu'on a craint de rendre certaines parties des petites ancres, trop courtes ou trop minces, si on les tenoit proportionnelles à celles des grandes ; que la verge de l'ancre de 500 liv. n'auroit pas, par exemple, assez de longueur pour faire bien accrocher les pattes, si elle n'avoit précisément que la moitié de la longueur de celle de 4000 liv. Mais si on eût agi dans cette vue, il auroit fallu retrancher, sur certaines parties, ce qu'on eût donné de plus à d'autres ; autrement l'ancre n'a plus le poids proposé, & c'est ce qui arrive dans notre exemple. Si on suppose que toutes les proportions de l'ancre de 4000 liv. ne donnent précisément qu'une ancre du poids de 4000 liv. celles qui ont été données pour l'ancre de 500 liv. donneront une ancre beaucoup plus pesante. Il est vrai qu'on donne ordinairement aux bras des ancres de 500 liv. moins de largeur & d'épaisseur joignant la verge, & moins de largeur & d'épaisseur près de la patte, que le rapport de leur poids avec celui des ancres de 4000 liv. ne le demanderoit ; mais en même temps on fait ici les bras des ancres de 500 liv. plus longs à proportion, ce qui va à peu près à compenser ce qu'on a ôté de l'autre côté ; de sorte que la verge étant beaucoup plus pesante, les mesures données pour les ancres de 500 liv. donnent des ancres d'un poids beaucoup plus grand. Après tout, si les différentes proportions qu'on a suivies jusques ici ne sont pas les vraies, il y a du moins lieu de croire qu'elles s'en écartent peu, puisque des ancres fabriquées sur les unes & les autres, sont de fort bon service.

RÉCAPITULATION,

Tant de ce qui eſt contenu dans le Mémoire de M. DE RÉAUMUR, *que dans les Notes que j'y ai jointes.*

ON A VU, à la vérité fort en abrégé, la maniere dont la mine de fer ſe convertit en fonte ; comment la fonte ſe convertit en loupes ; & comment on étire les loupes en barres, pour en faire ce qu'on appelle *fer marchand.*

Nous avons eſſayé de faire connoître la maniere d'employer le fer forgé en gros ouvrages ; car les ancres qui ſont d'un volume conſidérable, ſont bien propres à ſervir d'exemple.

Nous avons expliqué aſſez briévement comment les ancres ſe fabriquoient avec des miſes de loupe, lorſque M. de Seignelay ſe propoſa d'établir la fabrique des ancres dans différentes Provinces ; & l'état où ſe trouvoit ce travail, lorſque M. de Pontchartrain envoya à Coſne M. Treſaguet, & des Forgerons de Breſt pour le rectifier.

On a vu les progrès de cette fabrique ſous différents Miniſtres, & comment M. le Comte de Maurepas eſt parvenu à mettre la manufacture de Coſne dans un état fort approchant de la perfection ſous la direction de M. Babaud de la Chauſſade [1].

On fit d'abord les verges & les bras des ancres dans les mêmes forges où la fonte ſe convertit en fer forgé. Au lieu de porter les loupes ſous le gros marteau pour les étirer en barres, on les joignoit enſemble ſous ce même gros marteau, & on en formoit ainſi les pieces d'ancres.

Il s'en fabriqua une quantité très-conſidérable, mais qui furent reconnues mauvaiſes. Elles rompirent preſque auſſi aiſément que ſi elles avoient été fondues. Les parties ferrugineuſes de ces miſes n'étoient point liées les unes aux autres, & elles étoient mêlées d'une grande quantité de laitier qu'on ſait être fragile comme le verre, & qui tient de ſa nature.

On crut enſuite qu'elles ſeroient d'autant plus parfaites, que l'on en exprimeroit plus exactement le laitier ; &, pour y parvenir, au lieu de ſouder enſemble les loupes en ſortant de la chaufferie, on les portoit d'abord ſeules ſous le gros marteau, où on en exprimoit le laitier le plus qu'il étoit poſſible, en les tournant & retournant pluſieurs fois, ce qui les alongeoit ; après quoi on les plioit bout ſur bout pour leur faire prendre la forme d'un parallélipipede, auquel on donnoit enſuite une figure approchante de celle d'un

(1) En 1733, M. de la Chauſſade acheta le fond de cette forge, & M. le Comte de Maurepas le chargea de cette partie du ſervice : le ſuccès en a été ſi heureux que M. de la Chauſſade fut obligé de conſtruire une ſeconde forge à Coſne, une troiſieme dans ſa Terre de Guérigny, & une quatrieme dans ſa Terre de Villemenant entre la Charité & Nevers. M. de Machault étant Miniſtre de la Marine, leur attribua le titre de *Manufacture Royale*, & les portes en ſont gardées par un Suiſſe avec la livrée du Roi.

coin. C'eſt ce qu'on appelloit *une miſe ſuée & refoulée :* enfin on ſoudoit, ſous le gros marteau, toutes ces miſes pour en former les verges & les bras des ancres.

Mais ces ancres plus ſolides que les premieres & moins caſſantes, l'étoient encore aſſez, pour qu'en les éprouvant à la mer, on s'apperçût qu'il étoit très-dangereux d'y confier la ſûreté des Navires du Roi.

C'eſt ainſi que l'on travailloit, lorſque M. de Pontchartrain envoya à Coſne des Officiers inſtruits, afin qu'ils fiſſent les épreuves & les tentatives qu'ils jugeroient néceſſaires pour perfectionner la fabrique des ancres.

Après avoir examiné ce travail, & la nature du fer que l'on employoit, ils remarquerent que cette derniere façon de fabriquer les ancres, remédioit à l'inconvénient que cauſoit la trop grande quantité de laitier renfermée entre les molécules ferrugineuſes des miſes de loupes, dont on avoit exprimé une partie en les corroyant ; mais que ces parties ferrugineuſes, quoique plus rapprochées les unes des autres, n'étoient pas aſſez engagées les unes dans les autres, pour rendre le fer liant.

M. Treſaguet rejetta entiérement ces ſortes de miſes : il fit étirer des barres à la longueur d'environ trois pieds, pour que les molécules s'alongeaſſent à meſure que la barre acquéroit de la longueur ; & de cette façon les molécules s'engageoient les unes dans les autres : il fit enſuite replier ces barres en trois ; après quoi il en fit chauffer les parties avec du charbon de pierre pour les ſouder les unes aux autres ſous le gros marteau, & leur fit donner la forme d'un parallélipipede, que l'on amorçoit enſuite en coins : par cette opération les molécules de fer reſtoient toujours longues, engagées les unes dans les autres, de ſorte que ce fer, au lieu d'être caſſant, étoit fort liant ; & on formoit enſuite les pieces d'ancres avec ces miſes, comme on les faiſoit auparavant avec les miſes de loupes.

M. de Pontchartrain ordonna qu'on en fît de cette façon, & qu'on les envoyât dans les Ports, où elles réſiſterent aux plus vives épreuves.

La fabrique des ancres avoit ainſi acquis un grand degré de perfection.

M. Treſaguet conçut néanmoins que ces ancres pouvoient être ſujettes à un inconvénient : ſavoir, que parmi le grand nombre de miſes aſſemblées les unes avec les autres, il auroit pu s'en rencontrer quelques-unes qui n'auroient pas été bien ſoudées ; de ſorte que, quelque bon qu'eût été le reſte, l'ancre n'auroit pas laiſſé de rompre dans ces endroits.

Il fut donc jugé qu'au lieu de replier en trois chaque barre pour en former une miſe, il étoit plus à propos de les laiſſer de toute leur longueur, & même de les alonger davantage, afin qu'elles occupaſſent toute la longueur de l'ancre ; ce qui revenoit à la méthode qu'on ſuivoit dans quelques Ports où l'on avoit eſſayé de faire des ancres.

Cependant, après avoir examiné cette derniere méthode, on crut y reconnoître plusieurs défauts essentiels qui la rendoient plus dangereuse, par conséquent moins bonne que la précédente.

En suivant cette méthode dans les Ports, où l'on n'a pas de courant d'eau pour faire jouer les gros marteaux & les soufflets, on prenoit une suffisante quantité de barres de fer quarré, de la longueur que l'on vouloit donner à l'ancre; on en faisoit un paquet; on l'assembloit avec des liens de fer; on le portoit au feu: &, lorsque ce paquet étoit chaud, plusieurs Forgerons frappoient dessus, & soudoient ainsi ces barres ensemble, ou au moins ils sembloient les souder: car il faut observer deux choses.

La premiere, que la verge d'une ancre devant être plus grosse par un bout que par l'autre, & toutes ces barres étant d'une égale grosseur par-tout, on étoit obligé d'en fourrer de plus courtes entr'elles; ce qui faisoit qu'elles ne pouvoient se joindre exactement; que certaines parties des barres longues portoient à faux sur l'extrémité des barres courtes, & qu'elles devoient se casser, lorsque la verge de l'ancre tendoit à plier dans le mouvement que le vaisseau lui cause à la mer; pour cette raison on avoit pris le parti d'appliquer les courtes barres sur la superficie du faisceau; mais on tomboit dans l'inconvénient des mises.

La seconde chose à observer, c'est que ce paquet, de la maniere qu'on le chauffoit dans les Ports avec des soufflets à bras, ne pouvoit jamais dans le cœur être chaud à souder; & que supposé même qu'il l'eût été, les marteaux à bras ne font pas une impression suffisante pour pénétrer jusqu'au centre du faisceau. On convenoit, dans les Ports, qu'il n'y avoit que la superficie qui se soudoit d'un pouce ou environ d'épaisseur, & que les barres du milieu restoient séparées & renfermées seulement dans une écorce ou croûte de fer forgé. On conçoit que cette croûte, qui ne peut être soutenue également par-tout, doit se rompre dans plusieurs endroits. En ce cas si l'eau de la mer s'insinue par ces ruptures, elle rouillera & détruira les barres intérieures, qui alors céderont aux moindres efforts.

Il paroissoit cependant, que si on pouvoit remédier aux défauts qu'on vient d'exposer, les ancres de barres seroient les meilleures qu'elles peuvent être. On y est parvenu par la méthode que je vais exposer.

Au lieu d'employer des barres de fer quarré égales dans toute leur longueur, on les fait forger plates & inégales dans leur largeur & leur épaisseur, pour les proportionner aux dimensions que la verge doit avoir, & se dispenser d'interposer des bouts de barres courtes entre les longues. On forme donc, avec ces barres pyramidales, un paquet, en les couchant les unes sur les autres par lits; ensorte que celles de dessus couvrent les joints de celles de dessous, observant de faire ce paquet beaucoup plus court que la piece ne doit être.

Ce paquet est chauffé jusqu'au centre d'une maniere suffisante pour être soudé

ſoudé par-tout, parce que les ſoufflets de bois que l'eau fait mouvoir, fourniſſent un vent abondant & rapide, dont ceux de cuir qu'on meut à bras ne ſont point capables. Quand il eſt chauffé de cette ſorte, on le porte ſous un gros marteau peſant 800 liv. duquel la forte impreſſion ſurpaſſe infiniment celle des marteaux à bras dont on eſt obligé de ſe ſervir dans les Ports où il n'y a point de chûte d'eau pour faire mouvoir un marteau d'une pareille peſanteur. Toutes les barres ſe ſoudent & s'alongent enſemble, les intérieures autant que les extérieures, ce qui prouve qu'elles ſont toutes ſuffiſamment chaudes pour être ſoudées.

Le volume d'une piece faite de cette ſorte, eſt plus petit que celui d'une piece d'un pareil poids faite à bras, parce que la matiere eſt plus comprimée, & qu'il ne reſte point de vuide entre les barres. Cela paroît démontré, premiérement, par la diſpoſition du paquet avant d'être ſoudé ; ſecondement, parce que les barres du centre s'alongent autant que celles de la ſuperficie ; ce qui prouve qu'elles ſont à peu-près également chaudes, qu'elles ſe ſont ſoudées, & qu'elles ſont toutes un même corps. Dans les petites forges au contraire, le paquet ne pouvant être que rond, parce que les petits marteaux ne pourroient abattre les grands angles d'un paquet quarré, les coups tendent plutôt à ſéparer les barres qu'à les joindre, comme il paroît en frappant ſur la ſuperficie d'un cercle, formée de pluſieurs pieces ſéparées ; il en réſulte qu'il reſte beaucoup de vuide entre les barres quarrées qu'on ne peut bien arranger quand on forme un paquet rond. D'ailleurs, chaque barre ne peut recevoir qu'obliquement la foible impreſſion des petits marteaux ; ce qui fait que même celles de la ſuperficie ſont mal ſoudées ; & qu'il s'y doit former beaucoup de *barbes*. Auſſi toutes ces barres reſtent-elles de la même longueur ſans s'alonger, au lieu que le gros marteau, qui porte à plomb ſur les barres plattes, les ſoude & les alonge toutes très-conſidérablement. On voit par ce qui précede, qu'à poids égal, ces ancres doivent avoir bien moins de volume que celles fabriquées dans les Ports, & qu'elles ont toutes la perfection que l'on peut deſirer, ſans qu'elles ſoient ſujettes à aucun des défauts qu'on reproche à celles de miſes, & à celles qui ſont formées de menues barres quarrées & d'égales dimenſions, dans toute leur longueur.

FABRIQUE des différentes Pieces qui compoſent les Ancres.

LES BARRES qui doivent former la verge ou les bras d'une ancre étant bien éprouvées pour s'aſſurer ſi elles ſont de bon fer, on les arrange, comme il vient d'être dit, les unes ſur les autres, afin qu'elles compoſent un tout pyramidal ; & pour les joindre, enſorte qu'elles puiſſent être tranſportées au feu & à l'enclume, on ſoude des liens en anneaux de différentes grandeurs que l'on fait entrer par le petit bout du paquet, juſqu'à l'endroit où on a dessein qu'ils s'arrêtent, en les y chassant à grands coups de marteaux, afin qu'ils serrent le paquet qu'ils embrassent; & on en met autant qu'on le juge nécessaire, pour assujettir toutes les barres du paquet. Si à quelques endroits les barres paroissent dérangées, on les force de reprendre leur place avec des coins qu'on chasse entre le lien & la barre qu'on veut assujettir.

Avant de mettre le paquet au feu, on doit avoir calculé toutes les dimensions de l'ancre, suivant la figure & les proportions que l'on a dessein de donner à ses parties; après quoi on trace exactement la vraie forme de l'ancre sur une table bien unie que l'on divise de pied en pied par des perpendiculaires à la ligne du milieu.

On porte ce paquet à la forge, en commençant de le chauffer par le petit bout. On met cet endroit au-dessus & vis-à-vis la tuiere: on le couvre de charbon de terre, & on donne l'eau à la roue des soufflets.

Le paquet étant chaud à souder dans la longueur d'un pied ou environ, est porté sous le gros marteau qui en soude toutes les barres en cet endroit par sa seule impression; & ayant pris avec deux compas de calibre sur le patron de l'ancre & l'épaisseur & la largeur que doit avoir la piece dans l'endroit qu'on vient de forger, on lui donne exactement, à un quart de ligne près les dimensions qu'elle y doit avoir; ensuite on forme de cette sorte une autre portion, & on continue de la même maniere dans toute l'étendue de l'ancre; en finissant par le gros bout, on l'amorce des deux côtés, c'est-à-dire, qu'on l'applatit pour recevoir un bras de chaque côté. A l'égard des bras, ils ne sont amorcés que du côté qui doit s'appliquer sur la verge.

La verge étant finie, on chauffe le quarré pour y souder deux mises en saillie, qui servent à retenir le jas de l'ancre; &, après avoir marqué l'endroit du trou de l'organeau, on chauffe de nouveau le quarré, & on le porte sous le gros marteau qui, en frappant successivement sur des mandrins de différente grosseur, perce le trou où doit entrer l'organeau.

A l'égard des bras, on soude sur chacun une patte formée par plusieurs mises réduites à l'épaisseur & à la grandeur convenable.

Assemblage des Pieces.

La verge & les deux bras étant finis, on les soude ensemble. Pour cela on chauffe le gros bout de la verge & celui d'un des bras; & tous deux étant également chauds, on les porte sur l'enclume par le moyen de grues auxquelles ils sont suspendus à une même hauteur que l'enclume. Trois ou quatre coups du gros marteau les soudent parfaitement. On chauffe encore le tout, & le second bras que l'on soude de la même maniere, ensorte que le bout de la verge se trouve engagé entre le bout de chaque bras.

On applique enſuite des miſes dans les aiſſelles & aux endroits des joints pour les remplir & les lier plus fermement, & ces miſes ſe ſoudent avec des marteaux à bras. On rogne le bout de la verge & les parties de fer qui ſont de trop avec une tranche qui eſt engagée dans la fente d'un long manche que tient le Maître Ancrier, & ſur la tête de laquelle frappent les Forgerons.

Pour donner à chaque bras le tour ou l'arc qui convient, afin qu'elle puiſſe s'inſinuer dans le fond du terrein, on amarre une corde au bout de la patte, on paſſe l'autre bout dans un moufle qui eſt attaché au milieu de la verge ; & après avoir chauffé le bras au défaut de la patte, ou à l'endroit que l'on veut plier, au moyen de cette corde on parvient à le faire courber de la quantité qu'on juge néceſſaire.

Comme la verge & les deux bras de l'ancre que l'on veut aſſembler, forment une épaiſſeur aſſez conſidérable, le marteau à encoller doit retomber d'aſſez haut, pour donner de forts coups, afin de profiter de la chaleur des pieces qui doivent être ſoudées en quatre ou cinq coups de ce gros marteau. Son arbre n'a que deux bras ou mentonnets, parce qu'un plus grand nombre ne lui donneroit pas le temps de retomber.

ETAT des Proportions des Ancres qui souffrent quelques variations dans les différentes Fabriques.

Poids des Ancres.	Longueur de la Verge.	Grosseur de la Verge au gros bout.	Grosseur de la Verge auprès du quarré.	Grosseur du quarré en une seule face.	Longueur du quarré.	Grosseur des bras à la croisée.	Longueur des bras de la croisée à la patte.	Longueur des bras dont la patte est dessus.	Grosseur des bras contre la patte.	Largeur de la patte.	Longueur de la patte.	Epaisseur de la patte.	Grosseur de l'organeau.	Diametre de l'organeau.
	pied. pou.	pouc. lig.	pouc. lig.	pouc. lig.	pouc. lig.	pouc. lig.	pouc. lig.	pouc. lig.	pouc. lig.	pouc. lig.	pouc. lig.	lignes.	pouc. lig.	pouces.
6000	15	35	23	7 11	30	35 11	32	36	23	35	36	18	10	30
5900	14 10	34 9	22 11	6 11	29 7	34 9	31 7	35 6	22 11	34 9	35 6	18	9 11	30
5800	14 9	34 7	22 9	6 9	29 2	34 7	31 2	35	22 9	34 7	35	18	9 10	29
5700	14 8	34 4	22 8	6 8	28 9	34 5	30 9	34 6	22 8	34 4	34 6	18	9 9	29
5600	14 7	34 2	22 7	6 7	28 4	34 2	30 4	34	22 7	34 2	34	18	9 8	28
5500	14 5	34	22 6	6 6	27 10	34	30	33 6	22 6	34	33 6	18	9 7	28
5400	14 4	33 9½	22 4	6 4	27 5	33 9	29 7	33	22 4	33 9	33	17	9 6	27
5300	14 3	33 7	22 3	6 3	27	33 7	29 2	32 6	22 3	33 7	32 6	17	9 5	26
5200	14 2	33 4	22 2	6 2	26 8	33 5	28 9	32	22 2	33 4	32	17	9 4	26
5100	14 1	33 2	22 1	6 1	26 4	33 2	28 4	31 6	22 1	33 2	31 6	17	9 2	25
5000	14	33	22	6	26	33	28	31	22	33	31	17	9	24
4900	13 11	32 7	21 10	6	25 10	32 7	27 11	30 11	21 10	32 7	30 11	17	9	24
4800	13 10	32 2	21 8	6	25 8	32 2	27 10	30 10	21 8	32 2	30 10	17	9	24
4700	13 10	31 9	21 5	6	25 6	31 9	27 9	30 9	21 5	31 9	30 9	17	9	24
4600	13 9	31 4	21 3	6	25 3	31 4	27 8	30 8	21 3	31 4	30 8	17	9	24
4500	13 9	30 11	21	6	25 1	30 11	27 7	30 7	21	30 11	30 7	17	9	24
4400	13 8	30 6	20 10	6	24 10	30 6	27 6	30 6	20 10	30 6	30 6	17	9	23
4300	13 7	30 1	20 7	6	24 8	30 1	27 5	30 5	20 7	30 1	30 4	17	9	23
4200	13 7	29 8	20 5	6	24 5	29 8	27 3	30 3	20 5	29 8	30 3	17	9	23
4100	13 6	29 4	20 2	6	24 2	29 4	27 1	30 2	20 2	29 4	30 2	17	9	23
4000	13 6	29	20	6	24	29	27	30	20	29	30	17	9	23
3900	13 5	28 11	19 10	6	23 10	28 11	26 8	29 9	19 9	28 11	29 9	17	9	23
3800	13 5	28 10	19 8	6	23 8	28 10	26 5	29 4	19 7	28 10	29 6	17	9	22
3700	13 4	28 9	19 5	6	23 5	28 8	26 1	29 3	19 4	28 9	29 3	17	9	22
3600	13 4	28 8	19 2	6	23 3	28 7	25 9	29	19 2	28 7	29	17	9	22
3500	13 3	28 7	19	5 ½	23	28 6	25 6	28 9	19	28 6	28 9	16	9	22
3400	13 3	28 6	18 10	5 ½	22 10	28 5	25 3	28 6	18 9	28 5	28 6	16	9	22
3300	13 3	28 5	18 8	5 ½	22 8	28 4	25	28 3	18 7	28 3	28 3	16	9	21
3200	13 2	28 3	18 5	5 ½	22 5	28 3	24 8	28	18 4	28 2	28	16	9	21
3100	13 2	28 1	18 2	5 ½	22 3	28 2	24 4	27 6	18 2	28 1	27 6	16	9	21
3000	13 2	28	18	5 ½	22	28	24	27	18	28	27	16	8 ½	21
2900	13	27 10	17 11	5 ½	22	27 9	23 9	26 10	17 11	28	26 10	16	8 ½	21
2800	12 10	27 8	17 10	5 ½	22	27 7	23 7	26 8	17 10	27 7	26 8	16	8 ½	21
2700	12 8	27 5	17 9	5 ½	21	27 4	23 4	26 6	17 9	27 5	26 6	16	8 ½	20
2600	12 6	27 2	17 8	5 ½	21	27 2	23 2	26 4	17 8	27 2	26 4	16	8 ½	20
2500	12 4	27	17 7	5 ½	21	27	23	26 3	17 7	27 2	26 3	16	8	20
2400	12 2	26 10	17 6	5	21	26 9	22 9	26 2	17 6	27	26 2	16	8	20
2300	12	26 8	17 4	5	20	26 7	22 7	26 1	17 4	26 7	26	16	8	19
2200	11 10	26 5	17 3	5	20	26 4	22 4½	25 9	17 3	26 5	25 9	16	8	19
2100	11 9	26 2	17 2	5	20	26 2	22 2	25 4	17 2	26 2	25 4	16	8	19
2000	11 9	26	17	5	19 10	26	22	25	17	26	25	16	8	19
1900	11 6	25	16 ½	5	19 8	25	21 10	24 10	16 ½	25	24 10	16	8	19
1800	11 3	24	16	5	19 5	24	21 8	24 8	16	24	24 8	16	8	18
1700	11	23	15 ½	5	19 2	23	21 5	24 5	15 ½	23	24 5	16	7	17
1600	10 9	22	15	5	19	22	21 2	24 2	15	22	24 2	16	7	16
1500	10 6	21	14 ½	4 ¾	18 10½	21	21	24	14 ½	21	24	15	7	15
1400	10 3	20	14	4 ¾	18 8	20	20 10	23 10	14	20	23 10	15	6	14
1300	10	19	13 ½	4 ¾	18 6	19	20 8	23 8	13 ½	19	23 8	15	6	13
1200	9 9	18	13	4 ¾	18 2	18	20 5	23 5	13	18	23 5	15	5	12
1100	9 6	17	12	4 ¾	18	17	20 2	23 2	12	17	23 2	15	5	12
1000	9 4	16	11	4 ¾	18	16	20	23	11	16	23	15	5	12
900	8 10	16	10	4 ½	17	15	19	21	10	15	21 ½	14	5	12
800	8 4	15	9	4 4	16	14	18	20	9	14	20	13	5	12
700	7 10	14	8	4 1	15	13	17	18	8	13	18 ½	12	4	11
600	7 4	13	7	3 11	14	12	16	17	7	12	17	11	4	11
500	6 10	12	6	3 8	13	11	15	15	6	11	15 ½	10	4	10
400	6 4	11	5	3 6	12	10	13	14	5	10	14	9	3	10
300	5 10	10	5	3 3	10	9	12	14	5	9	14	8	3	9
200	5 6	9	4	3 3	9	8	11	13	4	8	13	8	2 ½	8
100	5 6	8	4	3	8	8	10	12	4	8	12	8	2 ½	7

EXPLICATION

EXPLICATION DES FIGURES
SUR LA FABRIQUE DES ANCRES.

PLANCHE I.

La figure 1 repréſente une ancre couchée ſur le terrein, & deſſinée réguliérement. *A B*, la verge; *B D*, *B G*, les bras; *M D*, *M G*, les pattes; *D* & *G*, les becs; *M B*, le fort ou le rond des bras; *M D*, *M G*, le foible ou le quarré des bras; *B*, encolure ou croiſée. Les angles rentrants formés par les bras & la verge aux côtés de *N* ſont les aiſſelles. La partie de la verge près *N* ſe nomme *le collet*, ou *le fort de la verge*. Entre *Q* & *H* le centre, d'où l'on trace la courbure des bras. *N H D*, triangle équilatéral. *C*, autre centre quand on veut rapprocher les pattes pour faire une anſe de panier : *e* foible de la verge : *e E F*, quarré de la verge ou culaſſe de l'ancre. *E*, tourillons. *O*, l'organeau. *R R*, ligne qu'on trace ſur le gabari pour élever les perpendiculaires *S S S* à cette ligne, qui ſont des ordonnées à la courbe du bras. Ces ordonnées ſervent à faire prendre aux bras la courbure qu'ils doivent avoir avant qu'ils ſoient ſoudés à l'ancre.

Figure 2 repréſente un bras avec ſa patte avant qu'il ſoit courbé, la patte vue en deſſus. *I L*, le bras. *M D M*, le plat de la patte. *M*, les oreilles de la patte. *D*, le bec.

Figure 3 repréſente la même choſe, excepté que la patte eſt en deſſous; ce qui fait qu'outre le rond *I L* des bras, on voit ſon quarré *L D* : le reſte comme dans la figure 2.

Figure 4 repréſente la même choſe, excepté que la patte *L D* eſt vue par le tranchant, & on voit le rond *I L* du bras & le quarré *L D*.

Figure 5 repréſente la coupe de la verge par la ligne *Q H*.

Figure 6 repréſente un jas d'ancre *N O*. La ligne ponctuée marque l'endroit où ſe réuniſſent les deux pieces ou flaſques qui le compoſent. *P*, les cercles de fer qui les réuniſſent. *Q*, le quarré de l'ancre.

Figure 7 déſigne la ſituation d'une ancre qui touche le fond de la mer quand un vaiſſeau mouille. *M*, le Vaiſſeau. *I*, l'écubier. *I L*, le cable. *L*, l'organeau. *E F*, le jas. *L A*, la verge. *A*, la tête de l'ancre. *A C*, *A D*, les bras. *H G*, ligne ponctuée qui eſt ſuppoſée couper le bras à angle droit.

Figure 8 repréſente une ancre dont les bras *A C*, *A D* ſont ſuppoſés couchés ſur le terrein. *A B*, la verge. *B M*, la prolongée de la verge. *E F*, le jas qui eſt ſuppoſé perpendiculaire au terrein. *L*, point de la verge où on ſuppoſe que réſide le centre de gravité de l'ancre. *B I*, le cable.

Figure 9 repréſente une ancre qui a ſes bras *A C*, *A D* dans une ſituation perpendiculaire au terrein, & le jas *F E* parallele & couché ſur le terrein. Les autres lettres déſignent les mêmes parties qu'à la figure 8.

Figure 10 repréſente deux bras de levier. *L* eſt la coupe de la verge. *L B*, la moitié du jas ; & *L A*, un des bras de l'ancre.

Figure 11 repréſente une ancre dont la verge tombe perpendiculairement ſur les bras qu'on ſuppoſe droits. Le jas eſt ſuppoſé couché ſur le terrein.

Figure 12 repréſente une ancre dont les bras ſeroient droits, mais beaucoup inclinés vers la verge. Le jas eſt toujours ſuppoſé couché ſur le terrein.

Figure 13 repréſente une ancre dont les bras ſont encore droits, mais un peu inclinés vers la verge ſeulement de la quantité convenable, pour que le jas étant couché ſur le terrein, les bras ſe préſentent perpendiculairement ſur ce terrein.

Figure 14 repréſente deux ancres empennelées ou mouillées à la ſuite l'une de l'autre.

Figure 15 repréſente un levier ſcellé par une extrémité dans une muraille, & dont l'autre extrémité eſt chargée d'un poids.

Figure 16 repréſente un Vaiſſeau qui leve ſon ancre mouillée dans un fond de ſable ou de vaſe.

Figure 17 repréſente une ancre qu'on veut lever, & dont la patte eſt engagée entre deux rochers. *A* eſt la bouée où répond l'orain qui eſt attaché à la croiſée de l'ancre. On tire ſur l'orain pour dégager la patte d'entre les roches.

Figure 18 repréſente une ancre Chinoiſe. *A B*, le jas qui eſt de fer & ſoudé preſque au milieu de la verge.

Figure 19 repréſente une ancre d'amarrage qu'on mouille à terre : elle n'a qu'un bras & point de jas.

Figure 20 repréſente une ancre qui a trois bras & point de jas. On en faiſoit autrefois de pareilles pour les petits Bâtiments.

Figure 21 repréſente un grapin ou une ancre à quatre bras. On s'en ſert pour les abordages, pour les Galeres, & pour les petits Bâtiments : elles n'ont point de jas.

Figure 22 repréſente un grapin qu'on met au bout des vergues des Brûlots, pour prendre dans les haubans de l'ennemi.

Figure 23 eſt une ancre ordinaire ſuppoſée tirée ſuivant la direction *A B*.

Figure 24 eſt une ancre ſuppoſée tirée ſuivant la direction *C D*.

Figure 25 eſt un cylindre ſuppoſé ſoutenu ſur les deux points d'appui *A* & *B*, & chargé au milieu d'un poids *C*.

Figure 26 eſt une ancre engagée entre des roches, & dont la verge a plié.

Figure 27 ſert à prouver que dans le cas précédent les parties qui ſont vers *A*, ſouffrent beaucoup plus que celles qui ſont vers *B*, & qu'au contraire les parties réſiſtent de concert dans le cylindre (*fig.* 28) qui n'a pas plié.

Toutes ces figures ſont relatives aux Notes du commencement du Mémoire, où il eſt parlé de la forme qu'il faut donner aux ancres.

PLANCHE II.

FIGURE 1 repréſente un grand fourneau où on fond la mine de fer. *A*, le laitier qui s'écoule. *B*, le métal qui coule & ſe moule en gueuſe. *C*, Ouvrier qui rompt le laitier pour l'enlever.

Figure 2 repréſente le lingot de fer en grand, ou la gueuſe.

Figure 3 repréſente une affinerie. *A*, la gueuſe qu'on préſente par le bout à un feu de charbon de bois. On raſſemble le fer à demi-fondu avec le ringard *C*, pour en former une loupe.

Figure 4 repréſente une loupe qui reſſemble à un corps ſpongieux.

Figure 5 repréſente la roue à augets *A*, que l'eau fait tourner. Cette roue fait tourner l'arbre *B* qui porte des mentonnets ou bras *C* qui levent le manche *D* du marteau *E*, pour frapper ſur la loupe *F*, que le Forgeron *G* préſente ſur l'enclume *H*: remarquez que les bras de l'arbre tournant prennent le manche près du marteau, ce qui le fatigue moins que quand on le prend preſque au milieu, comme on le fait dans les forges des ancres, afin d'avoir plus de levée.

Figure 6 repréſente la même choſe en grand ; & l'on voit le laitier qui ſuinte de la loupe ſous le marteau.

Figure 7 montre comment on ſaiſit la loupe avec de groſſes tenailles.

On voit (*fig.* 8) comment on étire le fer en barres.

Figure 9 eſt une barre étirée.

Figure 10 fait voir comme on forge une miſe de loupe. Quand on en a formé un parallélipipede *AB*, on la refoule en la préſentant ſous le marteau dans la poſition *CD* (*fig.* 11), & enſuite on l'amorce en lui faiſant prendre la figure d'un coin (*fig.* 12).

Figure 13 eſt deſtinée à faire voir comment on ſoude les miſes pour en former la verge d'une ancre ; & on voit (*fig.* 14) comment on s'aſſure que la miſe eſt exactement ſoudée.

Figure 15 montre la diſpoſition d'une forge pour les ancres. *A A A*, les crapaudines pour établir trois grues ou trois potences tournantes. La révolution de leurs bras eſt marquée par des arcs ponctués, pour faire voir comment elles répondent aux feux & aux enclumes. *B B B*, montrent trois feux ou forges. *C C C*, trois enclumes.

Figure 16 représente un feu en grand. On y voit comment le charbon de terre doit former une voûte dont l'intérieur fait l'effet d'un fourneau de réverbere, & un Chauffeur qui retourne une verge d'ancre avec un morceau de bois passé dans le trou de l'organeau. On imagine bien que cet Ouvrier doit être aidé par d'autres, & que cette verge doit être soutenue par une crémaillere, ou une chaîne, &c.

Figure 17 représente un faisceau qu'on a formé avec des barres quarrées rangées par zones concentriques, pour faire voir que les vuides qui restent en *A A A* empêchent que les barres ne se soudent les unes aux autres.

Figure 18 représente la coupe d'un faisceau où les barres sont menues, & rangées quarrément les unes sur les autres. La partie ombrée indique la grosseur qu'aura l'ancre quand elle sera forgée. Ces faisceaux ne peuvent être forgés que sous les gros marteaux.

Figures 19 & 20 représentent deux coupes faites de barres plattes & pyramidales, arrangées de façon qu'elles forment des liaisons. La coupe (*fig.* 19) est au fort de la verge; & la coupe (*fig.* 20) est au foible. *F F*, diametre du gros & du petit bout. *G G*, hauteur du paquet. *H H*, premiere couche qui sert de couverture du gros & du petit bout. *L L*, seconde couche. *M M*, troisieme couche. *N N*, quatrieme couche. *O O*, cinquieme couche. *P P*, sixieme couche. *R R*, septieme couche. *S S*, huitieme couche. *T T*, neuvieme couche qui sert de couverture. On voit que par les coups violents du gros marteau qui pèse 8 à 900 liv. & qui s'éleve fort haut, toutes ces barres sont comprimées de *H* en *T*, ce qui soude les joints horizontaux. Comme ces barres s'élargissent, les joints verticaux se serrent les uns les autres, & se soudent aussi : d'ailleurs, après quelques coups de marteau, on les retourne sur l'enclume pour les forger dans le sens *F F*.

PLANCHE III. *La Vignette.*

FIGURE 1, un Ouvrier qui frappe avec un marteau les liens qui doivent assujettir un faisceau de barres pyramidales destinées à faire la verge d'une ancre : *a*, le gros bout : *b*, le petit bout où l'on voit une des barres du milieu qui excede les autres, & qui porte une anse dans laquelle on passe un morceau de bois pour aider à manier le faisceau : *c*, lien détaché.

Figure 2 représente la grande forge où l'on chauffe la verge & les bras : *d*, le tas de charbon. Les soufflets ne peuvent être vus étant derriere.

Figure 3 représente des Ouvriers qui sont occupés à présenter un faisceau de barres destiné à faire la verge d'une ancre sur l'enclume & sous le gros marteau. On n'a mis ici que trois Ouvriers pour éviter la confusion. Le faisceau est soutenu par une chaîne *f* qui répond à la potence tournante ou à la grue *i g* : remarquez que le faisceau n'est pas formé, comme il le devroit être,

être, par des barres plates, & qu'il eſt mal préſenté ſur l'enclume *k* & ſous le marteau *e*; car d'abord il faut que les barres ſoient préſentées ſur leur plat; & de plus c'eſt le petit bout qu'on préſente le premier : *l*, le manche du gros marteau : *p*, les bras de l'arbre tournant *q* : *m*, endroit où l'on a briſé le drome à deſſein.

Dans le fond de la Vignette (*fig.* 4), on voit des Forgerons occupés à faire prendre aux bras la courbure qu'ils doivent avoir quand on n'y a pas réuſſi en les encollant : *n*, pieu contre lequel la verge eſt attachée : *o*, le foyer où l'on a fait chauffer la verge : *p*, le bras qu'on veut courber, auquel eſt attachée une corde qui paſſe dans la poulie *q*, & ſur laquelle les Forgerons tirent. On ſe ſert plus ordinairement de la manœuvre repréſentée au bas de la Planche IV.

Explication des Figures du bas de la Planche III.

FIGURES 1 & 2. *m s* repréſentent deux loupes ſoudées l'une contre l'autre, pour faire voir comme on les réuniſſoit pour faire les verges des ancres.

Figure 3. *a* repréſente les miſes dont on s'eſt d'abord ſervi pour faire les ancres de miſes.

Figure 4. *b* eſt la même miſe que celle repréſentée *fig.* 3, mais dont la partie qui étoit la plus large, a été rendue la plus étroite.

Figure 5. *c* eſt une miſe amorcée ou figurée en coin.

Figure V, une barre étirée pour en former une miſe.

Figure 6. *d* repréſente la barre de la figure *V*, qui eſt pliée pour en faire une miſe de fer forgé & étiré.

Figure 7 eſt cette même barre dont les plis ſont ſoudés pour en faire une miſe : on l'amorçoit comme on le voit *fig.* 5.

Figures 8 & 9 font voir comment on formoit une verge d'ancre en ſoudant des miſes les unes au bout des autres : *a*, l'enclume : *b*, la verge : *c*, morceau de bois qui paſſe dans le trou de l'organeau : *d*, la miſe : *e*, ringard ſoudé à la miſe.

Figure 10 repréſente une des barres dont on fait un faiſceau dans les groſſes forges : elle doit être pyramidale, plus groſſe au bout *f* qu'au bout *g*.

Figures 11, 12 & 13 repréſentent un faiſceau de barres pyramidales pour faire la verge d'une ancre : 11, le gros bout : 12, le menu : 13, les liens : *a*, chantiers qui ſupportent le faiſceau : *b*, barre plus longue que les autres qui ſert de ringard : *c*, morceau de bois qui paſſe dans l'anſe du ringard, & qui ſert à manier le faiſceau : remarquez que ce ringard devroit être du côté de 11, parce que c'eſt le petit bout qu'on forge le premier, & qu'on paſſe le morceau de bois *c* dans le trou de l'organeau quand la culaſſe eſt forgée. On doit arranger les barres comme on le voit *Pl. II*, *fig.* 19 & 20.

Figure 14 eſt un lien qui n'eſt pas encore mis en place.

Figure 15 eſt un paquet de barres d'une égale groſſeur dans toute leur longueur, qu'on étoit obligé de groſſir du côté du fort par des quilles de fourniture dont on voit les bouts vers *a*.

Figure 16 eſt une quille de fourniture.

Figure 17 repréſente une autre diſpoſition de quilles de fourniture qui ne vaut pas mieux que la précédente.

Figures 18 & 19 repréſentent une verge forgée à bras. Les barres de l'axe ne ſont point ſoudées ; il n'y a que celles de la ſuperficie.

Figures 20, 21 & 22 repréſentent une verge en partie forgée : *a b*, le quarré ou la culaſſe : *c*, le gros de la verge : *d*, l'extrémité amorcée : *e*, le trou pour l'organeau : *f*, les tourillons.

Figure 23 eſt un bras en partie forgé : *a b*, le quarré : *b c*, le rond : *d*, endroit amorcé. La partie *b c* ſera arrondie.

Figure 24, 25 repréſente un bras où l'on a ſoudé un ringard *a* pour le manier plus commodément ſous le marteau.

Figure 26 eſt un ringard volant & à griffe dans lequel on engage les bras preſque finis. La partie *a* de la figure 23 entre dans l'anneau *a*. La partie *b* (*fig.* 23) entre dans la griffe *b* (*fig.* 26), & y eſt arrêtée par la goupille *c* (*fig.* 27).

Figure 28 repréſente une patte brute. Les lignes ponctuées auprès de *a* marquent les miſes : *b* eſt un ringard.

Figure 29 repréſente une patte bordée : *a*, la patte : *b*, le ringard.

Figure 30 eſt un mandrin pour percer le trou de la culaſſe qui doit recevoir l'organeau.

Figure 31 eſt un barreau de fer roulé pour former l'organeau : il ſera mieux repréſenté Planche VI.

Figure 32 eſt un bras d'ancre mis à la forge ſous un tas de charbon.

Figure 33, 34 repréſente une miſe étirée & préparée pour fortifier quelques parties de l'ancre.

Figure 35, Patte finie.

PLANCHE IV. *La Vignette.*

FIGURE 1 repréſente un Forgeron qui attiſe le feu ou arrange le charbon dans la forge *a* où l'on chauffe la verge ; & *b*, eſt un feu où l'on a chauffé les bras.

Figure 2 repréſente des Forgerons qui ſoutiennent & retournent la verge d'une ancre ſur l'enclume : *c d* eſt une chaîne qui ſoutient la verge au moyen de la grue *e e* qui va prendre l'ancre au feu & la porte ſur l'enclume : *f g*, autre chaîne qui porte le bras du feu à l'enclume au moyen de la grue *h*. Comme il eſt important, pour faire un bon encolage, que la verge & les bras ſoient bien calés ſur l'enclume, on s'aide de crémailleres qui tiennent aux bras de la grue, de palans qu'on amarre à des poutres qui sont placées au dessus des bras des grues. On soutient & la verge & les bras avec des chantiers; mais il faut que tout cela s'exécute promptement pour battre le fer pendant qu'il est chaud. Remarquez qu'on soude les deux bras l'un après l'autre; que le bras *f* qu'on doit souder devroit être en dessus, & que la tête de la verge devroit être amorcée, toutes ces choses ne sont pas bien représentées dans la figure 2 : *i* est le marteau : *k*, une piece de bois qui tient le marteau élevé. Quand on veut qu'il agisse, on fait tomber la piece *k*, & on donne l'eau à la roue : *l*, arbre tournant, qui fait agir le marteau : *m n*, deux pieces de charpente qui soutiennent l'axe de l'arbre tournant.

On voit dans le fond de la Vignette, des Forgerons occupés à rogner l'excédent de fer qui est à la tête de l'ancre (*fig.* 3) : *a*, un Ouvrier qui dirige la verge de l'ancre, qui est soutenue par la grue *q* : *c*, le Maître Ancrier qui pose la tranche sur les endroits qu'il faut retrancher : *b*, Forgeron qui frappe sur la tranche. Le feu doit être à portée; mais quand on a bien chauffé la tête de l'ancre, il faut prendre garde que les bras ne se dérangent en portant l'ancre sur l'enclume *p*. On est quelquefois obligé de les soutenir avec des crémailleres ou des palans.

Explication des Figures du bas de la Planche.

FIGURE 1. *A B* fait voir une tuiere des grosses forges. *A*, partie des soufflets. *B*, tuiere dont l'ouverture est en demi-cercle.

Figure 2. *C D*, tuiere dont on se sert pour chauffer les ancres. *C*, partie des soufflets. *D*, ouverture de la tuiere qui est circulaire.

Figure 3. Bras soudé avec la patte. *E E*, les ailes de la patte qui est bordée. *G F*, le bras. *F*, le bec. *G*, amorce pour l'encolure.

Figure 4. *H I I*, la patte. *K*, le bras.

Figure 5 représente une verge prête à être encollée. *L M*, le corps de la verge. *N*, un ringard.

Figure 6 représente la disposition de la verge & des bras qu'on va encoller. Le bras *O P*, se soude d'un côté, & le bras *N P* se soude de l'autre. La tête de la verge, ainsi que l'extrémité des bras, devroient être amorcés. *R Q*, le quarré ou la culasse de la verge.

Figure 7 est une ancre à laquelle on rétablit la courbure des bras. *S*, l'organeau où l'on a passé un cordage qui répond à un étrier de fer *X T T*. Cet étrier est retenu par une chaîne de fer *V T T*, qui passe derriere la patte *V*. *Y*, un levier avec lequel on tortille la corde pour forcer sur le bras qui plie dans l'endroit qu'on a chauffé : *a b*, *a c*, *b c*, forment un triangle équilatéral.

Figure 8. Ancre imaginée par M. Perrault : *d*, verge de l'ancre qui devient fourchue en *e* : *f e*, *f e*, les deux branches de la verge fourchue.

On passe le cable *g* dans les trous *ff*. Cette ancre ne peut être d'usage.

PLANCHE V. La Vignette.

La Vignette représente la maniere d'encoller une ancre avec le gros marteau du Port de Rochefort. *Figure* 1, on voit trois Ouvriers *b* qui tirent sur une corde, & trois autres Ouvriers *c* qui tirent sur une corde parallele à la précédente, pour faire tomber le marteau. Quoiqu'on n'y ait représenté que six hommes, on y en employe ordinairement huit. *b* est l'enclume sur laquelle est l'ancre qu'on encolle : on voit plusieurs Forgerons *c* qui sont occupés à tenir, soit la patte, soit la verge de l'ancre que l'on forge : *d*, est une crémaillere qui soutient la verge : *e e*, sont d'autres grues semblables à celle qui est détaillée dans la Planche VI. On voit de plus plusieurs poulies & moufles qui servent, soit à faire tourner les grues, soit à soutenir les pieces qu'on forge : *g g*, derriere des soufflets de cuir d'une des chaufferies. On voit dans le fond de la Vignette une portion de deux autres chaufferies.

Explication des Figures du bas de la Planche.

Figure 10 représente la manœuvre qu'on emploie au port de Brest pour radouber les ancres. *A B*, massue de fer. *A*, tête de la massue. *C B*, la queue qui doit être assez menue vers *B*, pour qu'on puisse l'empoigner. *C D*, corde par le moyen de laquelle on éleve la massue. *D*, poulie sur laquelle passe cette corde. *E*, plusieurs cordons plus menus, qui sont tirés par des Ouvriers : ils élevent la massue, & un Forgeron qui la saisit vers *B*, la dirige dans sa chûte sur l'enclume *F*.

Figure 2 est la coupe longitudinale du gros marteau de Rochefort, ainsi que de la charpente qui le soutient & des pieces qui le font mouvoir. *G*, le marteau. *H*, endroit où il est suspendu. *I H*, la partie du manche qui est en dedans de la cage de bois. *K L M*, la barre du ressort. *O*, chaîne attachée à la queue du manche & à la barre du ressort. *Q Q*, cric. *R S*, la lanterne. *R*, la portion qui a des fuseaux. *S*, celle qui n'en a point : *r r*, la cage.

Figure 3, pieces détachées dessinées plus en grand. *T V V*, le bout de la barre du ressort. *T*, lien qui retient les crochets, & auquel la chaîne est attachée. *V V*, les crochets où le boulon, en figure de verrouil, est engagé. *X*, dents supérieures du cric, arrêtées dans la queue du boulon. *Y Z*, le boulon dont la queue est *Z* : *a*, profil des pieces précédentes.

Figure 4. *b*, une des dents du cric : *c*, clavette qui l'assujettit au corps du cric : *d d*, *e f*, la lanterne en perspective : *g h*, le ressort.

Figure 5 représente le grand marteau vu en perspective avec l'assemblage l'assemblage de charpente qui porte les pieces nécessaires pour le faire agir : *k u*, le marteau presque abattu sur l'enclume *t*. On voit en *l* comment le manche du marteau est pressé par un des bouts de la barre du ressort : *m*, une des grandes roues qui portent les manivelles : *n*, la roue qui est de l'autre côté, & qui ne paroît presque point dans cette figure : *o p*, manivelle : *q*, piece qui porte les queues des roues & de la lanterne : *r*, assemblage de charpente, qui a été nommé *la cage*.

Figure 6 représente la crémaillere qui soutient les pieces qu'on transporte du feu à l'enclume : *s*, la trape placée auprès de l'enclume qui couvre une fosse où entre un des bras quand il en est besoin.

Figure 7 représente un palan, dont on se sert pour soutenir les grosses pieces : *x*, le cordage du palan.

Figure 8. *y*, barre ronde dont on forme l'organeau *z*.

Figure 9. 1, 2, jas posé sur une ancre finie : 3, les deux pieces ou flasques dont le jas est composé. Elles sont ici réunies avec des cloux, & seulement deux frettes : pour les Vaisseaux du Roi on met 6 frettes, comme on le voit Planche I. On voit dans cette figure 9 les trous qui reçoivent les chevilles, dont les unes sont de fer & les autres de bois : 4, entailles pour recevoir le quarré de l'ancre & les tourillons : 6, 7, coupe du jas à l'endroit des tourillons.

PLANCHE VI. *Explication des Figures.*

FIGURE 1. Elle représente en grand ce que les Forgerons appellent *la grue*, & qui est véritablement une potence tournante sur le pivot *A*. *C C*, est un arbre vertical tournant, qui porte le bras *D D*. Comme ce bras est long & chargé de gros fardeaux, il est fortifié par le lien de bois *E*, par l'étrier de fer *G*, & par les tirans de fer *F F*.

Figure 2 représente la crémaillere en grand & fort détaillée : *a*, l'étrier de fer qui embrasse le bras de la grue. On voit dans l'étrier un boulon de fer *b*, qui permet à la crémaillere de tourner dans le sens parallele à l'horizon : *e*, verge qui soutient la crémaillere : *d*, les dents de la crémaillere qui s'accrochent dans l'étrier de fer *f*, ce qui donne la facilité de l'élever ou de l'abaisser : *c*, crochet de la crémaillere sur lequel repose la verge de l'ancre.

Figure 3. Chaîne de fer qui sert aux mêmes usages que la crémaillere dont je viens de parler : *a*, l'étrier : *b*, le boulon : *c*, crochet qu'on passe dans les maillons suivant l'élévation où on veut soutenir la verge de l'ancre.

Figure 4, est un palan attaché à des poutres qu'on met à dessein au-dessus des feux & des enclumes. Il sert à soutenir la verge de l'ancre lorsqu'elle est au feu. L'anse de corde *a*, qui s'accroche dans les crochets du palan s'appelle une *élingue*. On conçoit qu'elle est très-commode pour embraſſer la verge de l'ancre, comme on le voit *fig.* 5.

Figure 5 eſt un palan qui ſert à ſoutenir la verge de l'ancre lorſqu'elle eſt au feu.

Figure 6, ringard ou barre de fer *b* qui eſt ſoudée à un morceau de fer *a*, pour le manier plus aiſément à la forge.

Figure 7, fortes tenailles qui ſervent à ſaiſir les pieces qu'on veut forger loſqu'elles ne ſont pas trop groſſes.

Figures 8, 9, 10 & 11, différents inſtruments qu'on nomme *devers*, & qu'on emploie pour manier le fer chaud.

Figure 12, enclume; ſouvent on les fait plus baſſes & toutes quarrées.

Figure 13 en repréſente la face ſupérieure.

Figure 14 eſt un faiſceau de barres de fer deſtinées à être forgées pour faire un organeau. On le voit forgé (*fig.* 15) & amorcé par les deux bouts.

Figure 16, ce barreau forgé, rond & roulé en hélice, comme il doit être pour le paſſer dans le trou de la culaſſe. Alors on fait enſorte que la révolution ſoit ſur un même plan, & ayant donné une chaude aux extrémités, on ſoude les deux bouts amorcés (*fig.* 17).

Figures 18, 19 & 20 repréſentent des maſſes & des marteaux de différents poids & de différente forme.

Figure 21 eſt une tranche engagée dans le morceau de bois qui lui ſert de manche.

Figure 22 eſt un morceau de fer quarré *b*, qu'on nomme *bécaſſe*, & qu'on place au fond de la forge. La pointe *a* entre dans le foyer; elle ſert à ſoutenir ſur ſa face *b* les pieces qu'on met à la forge, pour les élever au-deſſus des tuieres, pendant que la demi-lune (*fig.* 23) qui eſt ſur le devant de la forge, donne un autre point d'appui à la piece qu'on forge.

Figure 24 eſt un rouable pour raſſembler le charbon. On doit auſſi avoir une pelle.

Figure 25, bringueballe ou levier, qui ſert à faire jouer les ſoufflets à bras.

Figure 26 eſt une ancre qu'on ſuppoſe de trois milliers, & qu'on veut éprouver. *C C*, canons plantés en terre. *G*, poulie ſimple ſaiſie à l'organeau dans laquelle paſſe le cordage *D D*, qui doit être proportionné à la groſſeur de l'ancre. *E*, pieu planté en terre où eſt tenu un bout de ce cordage. *F*, cabeſtan où eſt paſſé l'autre bout du même cordage. On doit virer au cabeſtan, juſqu'à ce que le cordage rompe.

Figure 27, une ancre dont les deux pattes appuient ſur deux pieux *D*. En appliquant beaucoup de force en *B*, ſuivant la direction *A B*, trois bonnes ancres rompirent en *C*.

Figure 28 eſt une miſe forgée pour ſouder aux bras & aux autres endroits qu'il faut fortifier.

Figure 29 eſt le plan d'une trappe qui couvre une foſſe qu'on pratique auprès de l'enclume, afin que les bras n'empêchent point de tourner l'ancre de tous ſens ſur l'enclume.

DIMENSIONS de quelques Ancres assez généralement adoptées dans la Marine.

Poids des Ancres.	Longueur de la Verge.		Grosseur de la Verge au gros bout	Grosseur de la Verge auprès du quarré.	Largeur d'une des faces du quarré.		Longueur du quarré.		Grosseur des bras à la croisée.		Longueur des bras de la croisée à la patte.	Longueur de la partie des bras recouverte par la patte	Grosseur des bras auprès de la patte.		Largeur de la patte.		Longueur de la patte.		Epaisseur de la patte.	Grosseur de l'organeau.		Diametre de l'organeau.
	pieds.	*pou.*	*pouces.*	*pouces.*	*pouc.*	*lig.*	*pouc.*	*lig.*	*pouc.*	*lig.*	*pouces.*	*pouces.*	*pou.*	*lig.*	*pou.*	*lig.*	*pouc.*	*lig.*	*pouces.*	*pou.*	*lig.*	*pouces.*
6000	15		35	23	7	11	30		35	11	32	36	23		35		36		18	10		30
5000	14		33	22	6		26		33		28	31	22		33		31		17	9		24
4000	13	6	29	20	6		24		29		27	30	20		29		30		17	9		23
3000	13	2	28	18	5	6	22		28		24	27	18	2	28	1	27	6	16	8	6	21
2000	11	9	26	17	5		19	10	26		22	25	17		26		25		16	8		19
1000	9	4	16	11	4	9	18		16		20	23	11		16		23		15	5		12
500	6	10	12	6	3	8	13		11		15	15	6		11		15	6	10	4		10
300	5	10	10	5	3	3	10		9		12	14	5		9		14		8	3		9
200	5	6	9	4	3	3	9		8		11	13	4		8		13		8	2	6	8
100	5	6	8	4	3		8		8		10	12	4		8		12		8	2	6	7

EXPLICATION

De quelques Termes qui ont rapport à la Forge des Ancres.

On n'y a point compris ceux qui regardent les grosses Forges, parce que nous n'en parlons qu'en passant, & qu'on expliquera ces termes, lorsqu'on traitera expressément de cet Art.

A

AILES d'une ancre. Voyez *Pattes*.

AISSELLES : ce sont les angles rentrants qui sont formés par la verge & les bras : on fortifie les aisselles par des mises.

AMORCER un morceau de fer : quelques-uns disent *Emorcer :* c'est l'applatir par un de ses bouts comme un coin ; il faut amorcer les mises, les bras, & généralement toutes les pieces qu'on veut souder.

ANCRE. Gros crampon formé par une forte verge qui se partage par un de ses bouts en deux ou plusieurs branches courbes & pointues, & qui porte à l'extrémité un anneau auquel on attache ou on *étalingue* un gros cable qui répond de l'autre bout au Vaisseau.

L'ancre doit entrer ou *mordre* dans le fond de la mer, & fixer le vaisseau en un lieu par l'effort qu'elle oppose au vent, aux courants & à la lame.

Les parties principales d'une ancre sont le corps ou la verge, les bras, les pattes, l'organeau. Elle a de plus son quarré, ou sa culasse, ses tourillons, son fort, son foible : les bras ont aussi leur fort & leur foible, leur rond & leur quarré. Tous ces termes sont expliqués page 2.

Jetter l'ancre ou *mouiller*, c'est quand abandonnée à son poids elle se précipite au fond de la mer. *Le mouillage*, est le terrein où l'ancre s'attache : quand le fond est de vase ferme ou de sable, on dit que *le mouillage est bon ;* s'il est de roche, de galet ou de vase molle, *le mouillage ne vaut rien ;* car l'ancre ne mordant point ou ne tenant pas ferme, elle obéit aux efforts du vaisseau qui *chasse* sur son ancre & court risque de se perdre. Dans les fonds de roche ou de galet les cables se *raguent* & *s'étripent*, c'est-à-dire, qu'ils s'usent.

Quelques-uns disent *ancrage* au lieu de *mouillage* : mais c'est improprement ; car l'ancrage est un droit d'Amirauté.

Désancrer ou *lever l'ancre*, est la détacher du fond pour l'amener au vaisseau : quand elle a quitté le fond, on dit, qu'elle a *dérapé*.

Ancre à demeure ou *ancre d'amarrage*, est celle qui est toujours fixée en un même lieu, souvent à terre au bord du rivage, pour y amarrer ou *touer* les vaisseaux. Quelquefois ces sortes d'ancres n'ont qu'un bras.

Il y a ordinairement sur un vaisseau : 1°, l'ancre de miséricorde : 2°, la grosse ancre : 3°, l'ancre de veille : 4°, l'ancre d'affourche : 5°, deux ancres à touer.

L'ancre de miséricorde, qu'on nomme aussi *l'ancre de la calle*, est une fort grosse ancre qu'on tient dans la calle pour y avoir recours dans les besoins pressants. Quelques Capitaines n'en veulent point, parce qu'on s'en sert rarement, & que souvent le danger est passé avant qu'on l'ait *parée* & mise en état de servir.

Les deux ancres *de bord* ou *des bossoirs*, sont : 1°, *la grosse ancre* qu'on nomme aussi *la maîtresse ancre;* c'est celle qu'on mouille le plus ordinairement : l'autre est l'*ancre de veille*, qui est presque aussi grosse que la précédente ; on la tient toute prête à mouiller si l'autre chassoit : quelques-uns appellent la maîtresse ancre celle *de la calle*.

Les ancres *d'affourche* sont aussi aux bossoirs. Ce sont des ancres moins grosses qu'on mouille pour empêcher les vaisseaux d'obéir aux courants & à la marée ; quand un vaisseau est affourché sur deux ancres, celle qui s'oppose à la marée montante s'appelle *l'ancre de flot*, & celle qui s'oppose à la marée descendante se nomme *l'ancre de jusant :* de même *l'ancre du large* se dit par opposition à *l'ancre de terre;* celle-ci est du côté de la terre, l'autre du côté de la pleine mer.

On dit que des ancres sont *empennelées*, quand on en mouille deux à la suite l'une de l'autre.

Brider une ancre, est élargir la surface de ses pattes, lorsqu'on mouille dans un fond de vase molle.

Les *ancres à touer*, sont de petites ancres que la chaloupe va mouiller à l'avant, & qui fournissent un point fixe pour se rendre dans un endroit en virant sur le cabestan.

Gouverner sur son ancre, est porter le cap sur la bouée pour se rendre *à pic* ou perpendiculairement sur l'ancre.

B

BEC, ou improprement *la béque* d'une ancre, est l'extrémité la plus menue des bras : le bec répond à un des angles des pattes.

BOUÉE. Voyez *Orain*.

BRAS. Les bras d'une ancre sont des pieces courbes qui sont soudées au bout de la verge, & qui doivent entrer dans le terréin pour assujettir le vaisseau. On distingue le fort & le foible, le rond & le quarré des bras, sur lequel sont soudées les pattes, le bec & l'extrémité de ce quarré.

BRIDER une ancre. Voyez *Ancre*.

C

CABLE. C'est un gros cordage qui répond d'un bout à l'ancre, & de l'autre au vaisseau.

CALCAIRE. Les pierres calcaires sont celles qui par la calcination se réduisent en chaux : la castine est une pierre calcaire qui se charge des souffres de la mine.

CARGUER les voiles, c'est les plier en tout ou en partie pour rallentir la marche du vaisseau.

CASTINE. Pierre qu'on mêle avec la mine de fer pour aider à la formation des scories. Voyez *Calcaire*.

CHASSER sur son ancre : un vaisseau *chasse sur son ancre* quand elle obéit à ses efforts.

CHAUDE. Donner *une chaude*, est tenir le fer au feu, jusqu'à ce qu'il ait pris assez de chaleur pour être forgé ou soudé. On dit que pour faire une bonne soudure, il faut donner au fer *une chaude suante*, c'est-à-dire, qu'il commence à fondre.

CINGLER, chez les forgerons, signifie *forger*, *étirer*, *corroyer le fer*, en un mot, le paitrir. Ce mot chez les Marins est synonyme avec *filler*.

CRÉMAILLERE. Dans les forges, c'est une sorte de crochet brisé qu'on peut fixer à différentes hauteurs, au moyen d'une piece dentée qu'on arrête avec une bride de fer qui fait l'office d'un linguet. Cet instrument ressemble fort aux crémailleres des cuisines.

CROISÉE. La croisée d'une ancre est formée par les deux bras qui sont soudés au bout de la verge : quelques-uns appellent cette partie *la crosse*.

CULASSE, ou le quarré de la verge, est une portion qu'on fait quarrée du côté de l'organeau, pour que le jas soit mieux assujetti : le quarré des bras est la partie la plus menue sur laquelle on soude les pattes.

D

DAVIER. Voyez *Ringard volant*.

DÉRAPER. Voyez *Ancre*.

DÉSANCRER. Voyez *Ancre*.

DEVERS. Instruments de fer de différentes formes, qui servent à saisir & manier le fer lorsqu'il est chaud. C'est quelquefois un levier, d'autres fois un crochet ou un morceau de fer percé d'un trou dans son milieu : nous en avons fait graver de plusieurs formes.

E

EGUILLE de fourure. Voyez *pag*. 18.

EMPENNELER une ancre. Voyez *Ancre*.

ENCOLLER, c'est souder les bras à la verge.

EPATTÉE. Une ancre épattée est celle qui a perdu une de ses pattes.

F

FER affiné est le fer forgé en barre. Voyez *pag*. 11.

FOIBLE de la verge & des bras. Voyez *Ancre*.

FOND de bonne ou de mauvaise tenue. Voyez *Ancre*.

FONTE de fer. Voyez *page* 11.

FOURURES.

FOURURES. Sortes de mises qu'on joignoit autrefois aux barres, pour augmenter la grosseur de la verge & des bras.

FRETTES. Anneaux de fer plat, qui servent à réunir les faisceaux des barres.

G

GRAPINS. Petites ancres qui ont le plus souvent quatre bras & point de jas : les grapins du bout des vergues pour les brûlots, sont des especes de crochets : nous les avons fait graver.

GRUE. On nomme ainsi dans les forges des ancres des potences tournantes qui servent à porter les grosses pieces de fer du feu à l'enclume.

GUEUSE. Gros lingot de fer fondu qu'on moule au sortir du grand fourneau : elle a la forme d'un prisme.

J

JAS. Deux pieces de bois exactement jointes ensemble qui embrassent le quarré de la verge : elles sont réunies par des chevilles & des frettes ; on nomme quelquefois ces pieces des *jumelles* ou des *flasques*.

L

LAITIER ou *Litier*. Scories de fer à demi vitrifiées qui nagent sur le métal dans les grands fourneaux.

LEVER L'ANCRE, c'est l'amener à bord.

LOUPE. C'est du fer de gueuse, fondu par du charbon de bois, & qu'on a un peu pétri sous le marteau.

M

MISES. Ce sont des morceaux de fer détachés qu'on soude ensemble pour en faire une grosse masse.

MOUILLER L'ANCRE, c'est la laisser tomber au fond de la mer. Voyez *Ancre*.

O

OREILLE. Ce sont deux des angles des pattes. Voyez *Pattes*.

ORGANEAU. Anneau de fer auquel on attache le cable.

ORIN ou ORAIN. Cordage qui est amarré à la tête de l'ancre ou à la croisée, auquel on attache à l'autre bout la bouée qui le fait flotter. Cette bouée est quelquefois un barril, quelquefois des morceaux de liege fermement assujettis les uns aux autres. On hâle sur l'orin, quand on est forcé de lever l'ancre, comme on dit, par les cheveux.

OUVRER, en terme de Forgeron, est corroyer le fer. Un fer bien ouvré & qui n'est point brûlé, est doux & liant.

P

PALAN. Les Marins appellent ainsi les poulies mouflées.

PARER UNE ANCRE, en terme de Marins, est la disposer à être mouillée, & *parer une ancre*, chez les Forgerons, est retrancher ce qu'il y a de trop avec la tranche, & souder des mises aux endroits où il n'y a pas assez de fer.

PATTES. Les pattes sont des morceaux de fer plats à peu-près triangulaires qu'on soude au bout des bras : deux des angles forment les oreilles, & le troisieme le bec.

PRENDRE. On dit que *l'ancre prend*, quand elle entre & mord dans le fond de la mer.

Q

QUARRÉ de la verge. Voyez *Culasse*. Des bras. Voyez *Bras*.

QUILLES DE FOURNITURE. Ce sont des bouts de barre auxquels on donne une forme pyramidale, & qu'on employoit autrefois pour augmenter la grosseur de la verge du côté de la croisée.

R

RINGARD. Barreau de fer qu'on soude au bout d'une piece qu'on veut chauffer & forger pour la manier plus commodément. On s'en sert quand les morceaux étant courts n'ont pas assez de prise, sur-tout quand ils sont trop pesants pour être saisis avec des tenailles. On forme ordinairement au bout des ringards une anse, dans laquelle on passe un morceau de bois pour tourner aisément la piece sur l'enclume. On nomme *ringard volant* ou *davier*, un barreau de fer qu'on attache à la piece qu'on veut forger, au moyen d'anneaux & de crampons.

ROUABLE. C'est quelquefois une espece de ratissoire emmanchée dans du bois, d'autres fois un crochet ou espece de fourgon : son usage est d'attiser le charbon, & dans les fontes, d'écumer le métal.

S

SILLAGE. Le sillage d'un vaisseau est la même chose que sa marche. On dit indifféremment : *ce vaisseau marche bien*, ou *il a un bon sillage*.

T

TENIR BON, se dit quand l'ancre résiste aux efforts du vaisseau.

TOURILLONS D'UNE ANCRE, ce sont deux pieces de fer qu'on soude sur le quarré de la verge, & qui sont encastrées dans les flasques du jas.

TUIERE. Canal de fonte par lequel le vent des soufflets sort pour exciter le feu.

V

Verge d'une Ancre ; est un gros barreau de fer qui forme la longueur de l'ancre. On distingue le gros ou le fort de la verge de son foible ; la culasse fait partie de la verge, & elle est à son foible. Dans quelques Ports on dit improprement *la vergue* au lieu de la verge.

On pourra penser que j'aurois dû fondre mes Notes avec le Texte de M. DE REAUMUR ; *mais j'ai respecté l'Ouvrage de ce célebre Académicien, ce qui m'a déterminé à ne point confondre mes idées avec les siennes. Au reste le parti que j'ai pris un peu moins agréable pour le Lecteur, n'en sera peut-être que plus instructif.*

FIN DE LA FABRIQUE DES ANCRES.

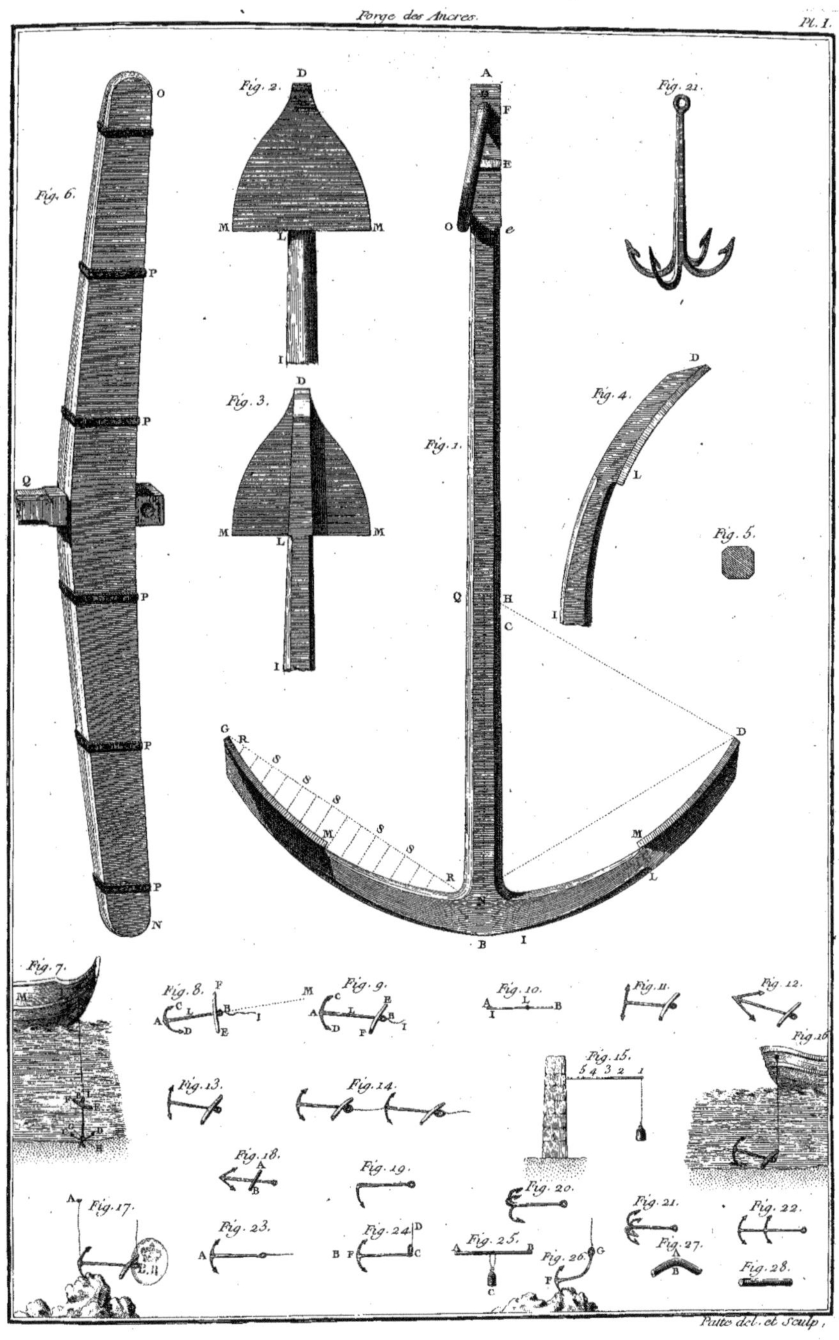

Patte del. et Sculp.

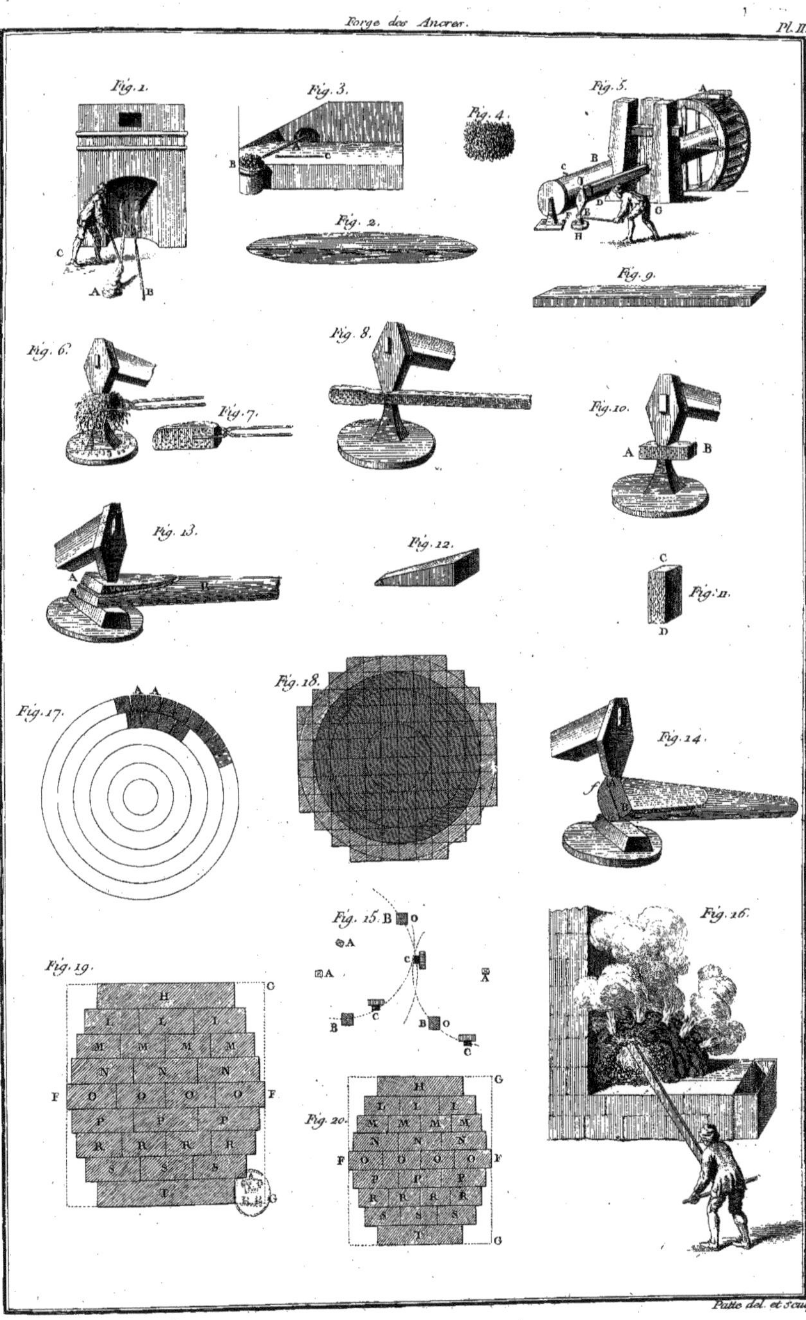

Patte del. et sculp.

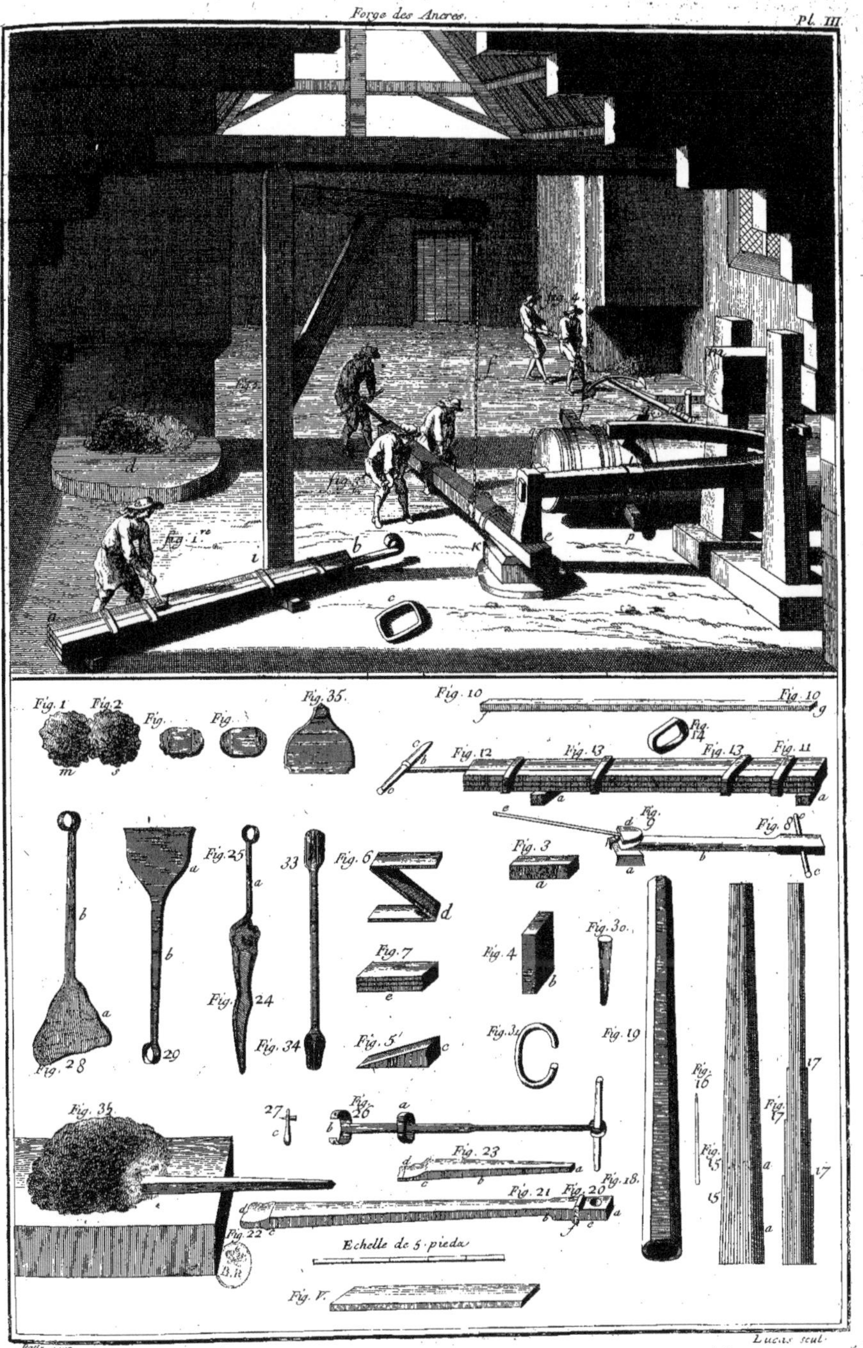

Forge des Ancres.
Pl. III.
Echelle de 5 pieds
Lucas sculp.

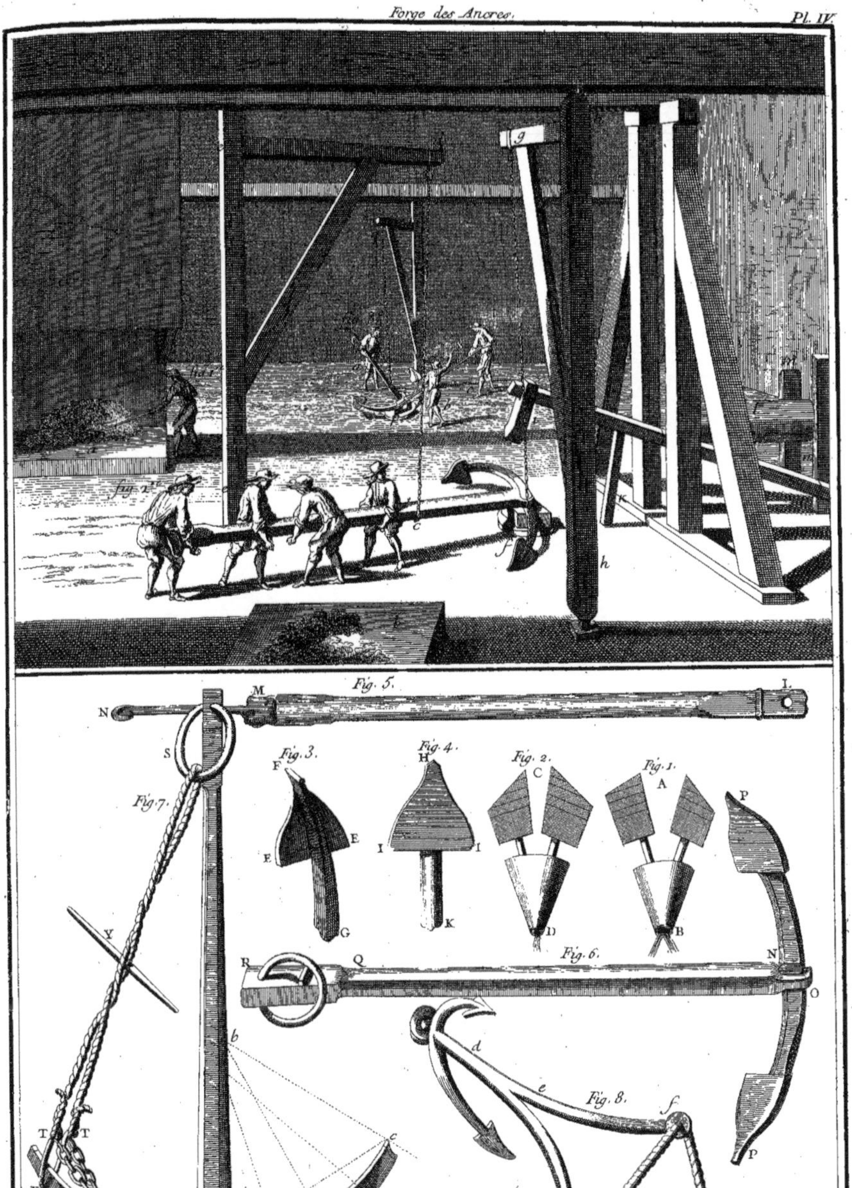

fig. 1re

Fig. 5.

Fig. 3. Fig. 4. Fig. 2. Fig. 1.

Fig. 7.

Fig. 6.

Fig. 8.

Echelle de 3 pieds.

Patte corr. Lucas sculp.

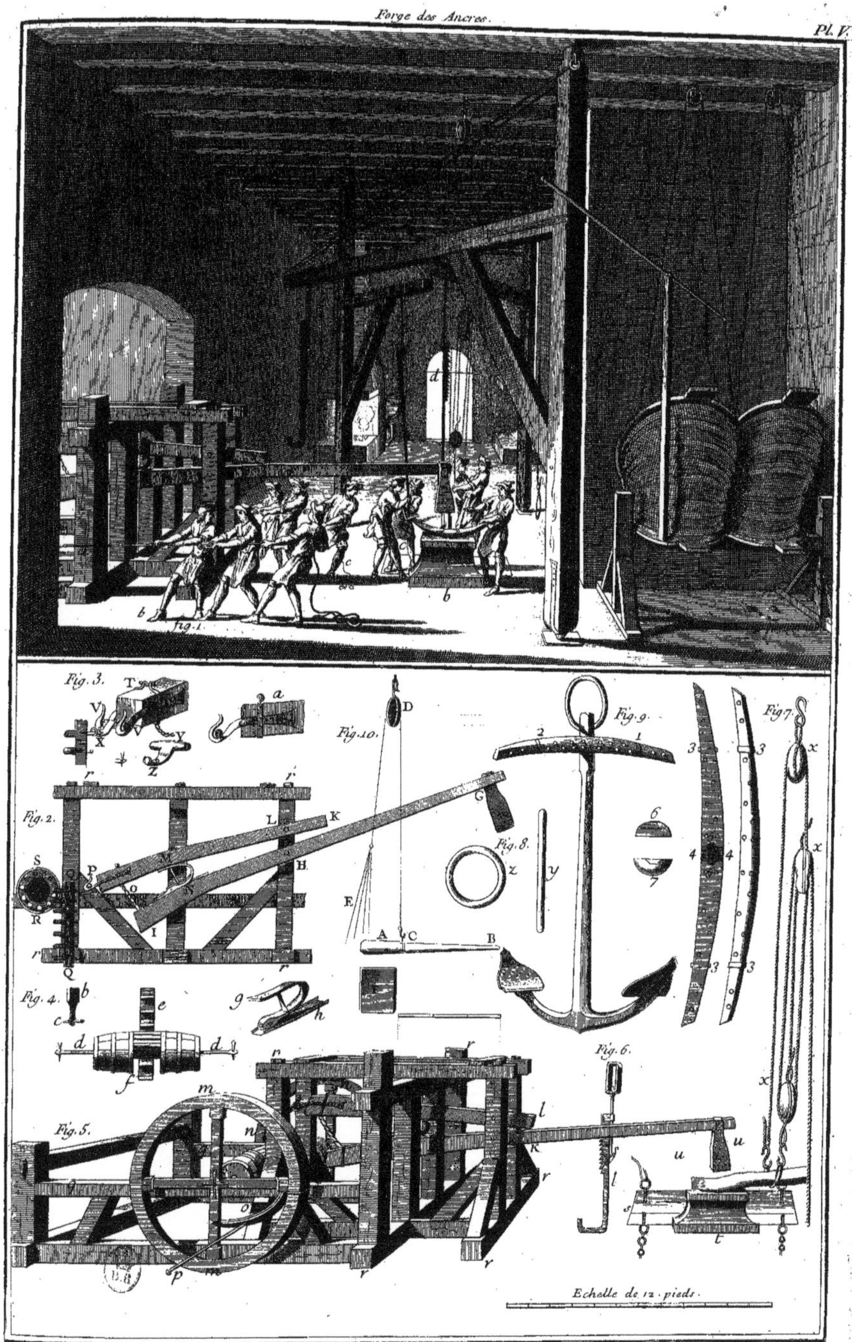

Echelle de 12 pieds.

Patte Corr.

Lucas sculp.

Forge des Ancres. Pl. VI.

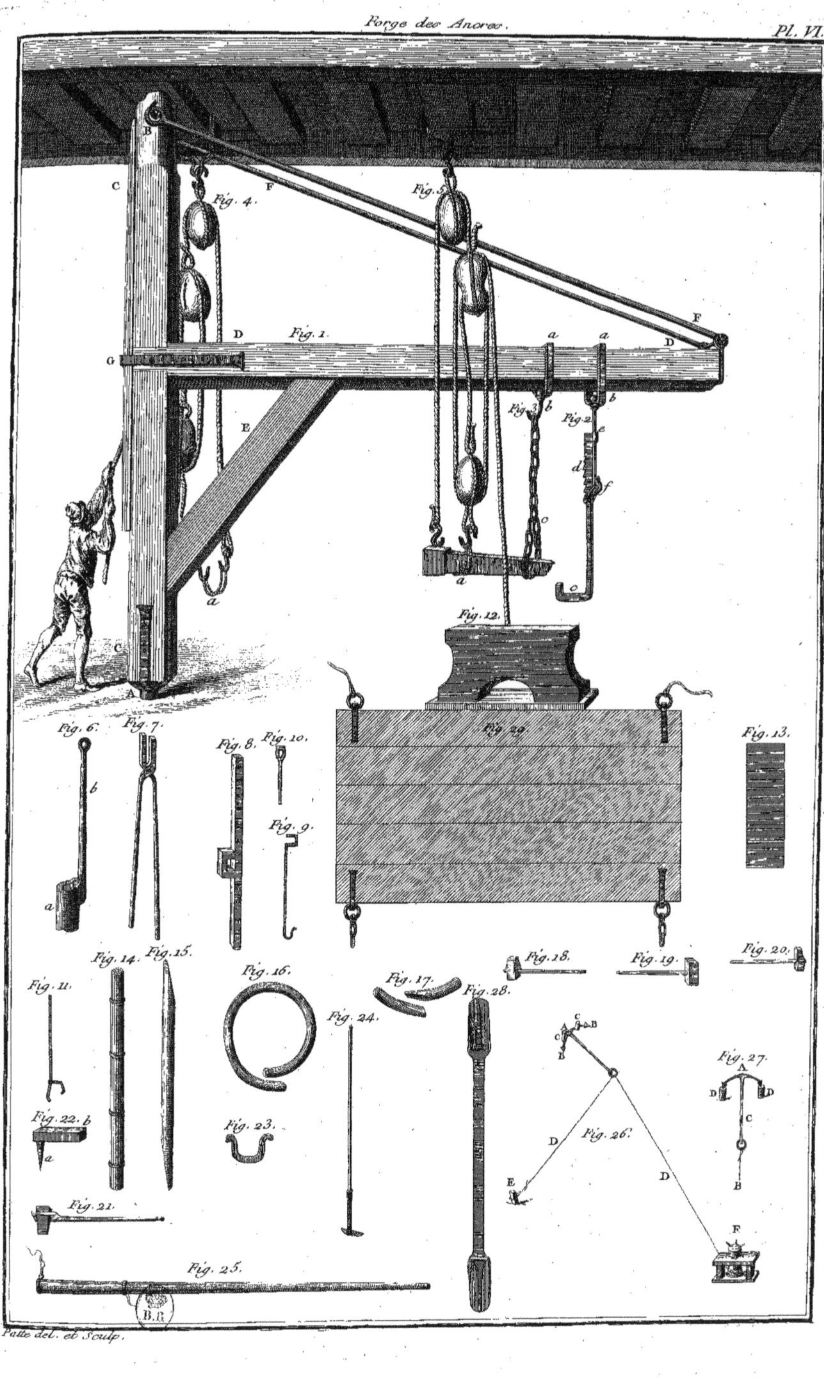

Patte del. et Sculp.

www.ingramcontent.com/pod-product-compliance
Ingram Content Group UK Ltd.
Pitfield, Milton Keynes, MK11 3LW, UK
UKHW020342250726
13967UKWH00005B/2080